KB154268

어제보다
더 나은

오늘을
살자

IIIIIIIIIIIIIIIIIIIIIIIIIIIIIIII
역자 | 박진배
IIIIIIIIIIIIIIIIIIIIIIIIIIIIIIII

에이전트, 전문번역가.
역서로는 「마음을 사로잡는 사람, 꿰뚫는 사람」, 「나를 당당하게 표현하는 화술」, 「부모와 자식의 뇌내 혁명」, 「사람들에게 호감받는 100가지 방법」, 「아무도 가르쳐주지 않는 부의 비밀」 등이 있다.

어제보다
더 나은
오늘을
살자

펴낸날   2018년 01월 25일 초판 1쇄 인쇄

저자   O.S 마든
역자   박진배
펴낸이   김정재 · 김재욱
펴낸곳   나래북 · 예림북
등록번호   제 313-2007-27호
주소   경기도 고양시 일산서구 대산로 215 연세프라자 303호
전화   031-914-6147
팩스   031-914-6418
이메일   naraeyerim@naver.com

ISBN   978-89-94134-45-1 03320

*무단 복제 및 무단 전재를 금합니다.
*잘못 만들어진 책은 구입하신 서점에서 바꾸어 드립니다.

어제보다
더 나은

오늘을
살자

Happiness in Your Life

오리슨 S. 마든 박진배 옮김

오늘 하루
이처럼 가치있는
순간은 또 없다
…

나는 달린다

나래북

"오늘만큼 가치 있는 것은 없다"

– 괴테 –

긍정적인 생각이 행복을 가져다준다

행복은 신이 인간에게 주는 특별한 선물이다

이 책에서 오리슨 S 마든은 스트레스를 많이 받는 현대인들에게 삶의 방식에 대한 의문을 던지며, 인간은 누구나 마음먹기에 따라 행복해질 수 있다고 역설하고 있다.

마든은 1850년 미국 뉴햄프셔 주의 가난한 스코틀랜드 이주민의 아들로 태어났다. 어려서 부모님을 잃고 농장을 전전하던 그는 한 농장의 다락방에서 발견한 〈자조론〉으로 인생의 전환점을 맞게 된다.

그의 성공철학서인 〈Wise of rich(아무도 가르쳐주지 않는 부의 비밀)〉은 나래북에서 발간된 이후 국내에서도 많은 사랑을 받고 있으며, 마든의 성공철학의 뿌리가 되고 있는 〈하면 할 수 있다〉는 긍정적이고 낙관주의적 사고는 이 책의 '행복은 스스로 키우는 것'이라는 철학으로 다시 한 번 재강조되고 있다.

본문에서, 한 소년이 매일 자신의 초라한 집에서 바라본 반대편 언덕의 황금빛으로 반짝이는 집을 동경하다가, 어느 날 힘들게 그 집을 찾아가 보니 그곳은 작은 창고였으며 유리창은 더럽고 금이 가 있었다. 그리고 그곳에서 자신의 집을 바라보니, 그렇게도 초라하고 벗어나고 싶었던 자신의 집이 황금빛으로 반짝이고 있었다는 우화를 한 예로 들었다.

우리는 지금 가지고 있는 것만으로는 만족하지 못하며 언제나 자신이 가지고 있지 않은 것을 추구하고 있다. 하지만 자신이 진정으로 원하는 것이 뭔지는 깨닫지 못하고 있다.

링컨은 "인간은 자신이 행복해지겠다고 결심한 만큼 행복해진다."라고 했다. 모든 행복의 원천은 우리들 마음속에 있는 것이다. 아름다운 마음을 가지고 있으면 인생은 아름다워질 것이고, 불평불만만을 품고 있다면 인생은 실망으로 가득하게 될 것이다. 이것은 오래되고 극히 평범한 말이지만 부정할 수 없는 진리이며 바로 이것이 행복해질 수 있는 비결인 것이다.

마든은 19세기 미국에서 탄생한 종교운동 '신사상'의 선구자로서 "진취적인 마음으로 자신의 운명을 개척하자."는 이념을 전세계에 널리 전파한 인물이다. 때문에 이 책에서도 자연스럽게 신사상 운동가들의 말들을 많이 이용했다. 그리고 이 책의 가장 큰 매력은 단순히 사업적 성공뿐만이 아니라 가정생활과 여유를 포함해서 삶 전체를 성공으로 이끌기 위해서는 어떡하면 좋을지에 대해 폭넓게 다루고 있다.

간행된 지 100년 가까이 된 지금도 여전히 독자들의 많은 사랑을 받고 있는 이유는, 인생을 긍정적으로 살아가기 위해 필요한 쉽고도 보편적인 메시지로 가득하기 때문일 것이다.

끝으로 이 책을 독자여러분 보다 먼저 접한 역자로서, 이 책이 여러분들 가까이 있는 행복에 대해 다시 한 번 생각해보고 재발견할 수 있는 계기가 되길 바란다.

—역자

"불운에 굴하지말고
더욱 담대히 맞서 나아가라"

—베르질리우스—

차례

행복을
부르는
습관

3

무엇인가 행복이란 1

행복을 좇는
사람들

> "네가 좇고 있는 것은 이미 너 자신에게 있다. 그것은 그 어떤 곳
> 도 아닌 바로 네 곁에 있다. 단지 네 눈에 보이지 않는다는 사실
> 을 깨달아라!"
>
> —토머스 칼라일

우리는 행복하기 위해 태어났다. 사람은 누구나 행복해지고 싶
다는 강한 의지에 의해 움직인다. 갓난아기조차 즐거운 놀이와 기
쁜 일, 재미있는 일이 계속 되면 좋겠다고 마음속으로 바라고 있다.
세상 사람들에게 가장 바라는 것을 세 개 들어보라고 하면 대부분
은 건강과 돈, 행복을 원한다고 대답할 것이다. 하지만 그 중에서
가장 바라는 것이 뭐냐고 물으면 대부분의 사람들이 틀림없이 행
복해지고 싶다고 말할 것이다.

그럼에도 불구하고 진정한 행복을 찾는 사람은 아주 적다. 그것
은 오로지 우리의 방법이 잘못돼 있기 때문이다. 마치 건초더미에
서 바늘을 찾는 것과 마찬가지로 대부분의 사람은 어디를 어떻게

찾아야 하는지조차 모르고 있다. 따라서 행복을 좇는 것이 우리들의 습성이 돼 버렸다. 하지만 행복은 좇는다고 찾을 수 있는 것이 아니다. 사냥감을 쫓는 사냥꾼처럼 찾아 헤맨다고 해서 손에 넣을 수 있는 것이 아니다. 세상 끝까지 좇는다고 해도 손에 넣을 수 있는 것이 아니다. 행복은 무엇을 먹는지, 어떤 옷을 입는지, 무엇을 가져왔는지와는 전혀 관계가 없다. 흥분되거나, 언제나 즐겁거나, 유쾌한 시간을 보내는 것이 행복은 아니다.

그런데 어찌된 영문인지 수많은 사람이 행복을 찾는 것은 노다지를 발견하는 것과 같은 것이라고 생각하며, 행복을 찾는 것을 모두 운에 달렸다고 생각하는 것 같다.

주변을 둘러보면 남이 가지고 있는 것을 얻을 수만 있다면 자신은 더욱 행복해질 것이라고 생각하는 사람이 많다. 하지만 아무리 많은 부를 축적했다고 하더라도 그것만으로 행복해지지는 않는다.

자신을 행복하게 해주는 것과 욕구를 충족시켜주는 달콤한 유혹만을 추구하고 있는 사람은 결국 낙담하고 말 것이다. 그리고 이미 때가 늦은 다음에야 욕구를 충족시키려 하면 할수록 마음의 갈증은 더욱 커진다는 사실, "욕망은 지칠 줄 모르고 채우면 채울수록 더 많은 것을 요구한다."는 사실을 깨닫게 될 것이다.

제아무리 여기저기 찾아 헤매어도 결국 행복은 자기 자신 속에서 찾을 수밖에 없다. 당신의 가슴속이 아니면 그 어디에도 행복이란 있을 수 없다. 성경에도 적혀 있듯이 "천국(즉, 행복의 나라)은 우리 마음속에 있다." 하지만 어느 시대에나 많은 사람이 자신의 마음 이외의 장소에서 행복의 나라를 찾아 헤매고 있다. 진정한 행복이란 타인에게 도움이 되고, 사회에서 자신의 역할을 다하고, 사람을 도우며 자신의 노력으로 세상을 더욱 살기 좋은 곳으로 만듦으로써 얻을 수 있는 것이다.

진정한 행복을 얻고자 한다면 멀리 다른 곳에서 찾지 말고 우리 내면의 목소리에 귀를 기울이자. 요컨대 우리가 마음속 깊이 바라고 있는 것은 아주 단순하고, 특출 나지도 않고, 화려하지도 않은 것이다. 예를 들어 아름다운 석양과 우정, 여유로운 산책, 꽃, 달빛, 작은 친절, 상냥한 말투, 작은 배려, 가벼운 격려, 애정 등……. 이것을 깨닫게 된다면 진정한 행복이 보일 것이고 이 밖의 다른 것을 찾는다 할지라도 행복은 찾을 수 없을 것이다.

오늘부터 당장 할 수 있는 일

◆ 멀리 있는 행복을 좇는 것을 그만두고 자신의 주변을 돌아보자.

◆ 행복은 자신의 마음속에서밖에 찾을 수 없다. 당신의 인생이 바라던 만큼 행복하지 않더라도 행복은 어디 멀리 숨어 있는 것이 아니다. 그것은 당신 마음속 어딘가 보이지 않는 곳에 잠들어 있을 것이다. 자신의 내면을 들여다보고 무엇 때문에 행복하지 않게 됐는지를 생각하자.

◆ 데이트나 모임에 어울리는 옷을 열심히 찾는다고 해서 진정한 행복을 발견할 수 있는 것은 아니다. 대부분의 사람은 행복이란 지금 가지고 있지 않는 무언가를 손에 넣는 것이라 여기고 "~만 있다면 행복할 텐데."라고 한탄한다(친구들을 만찬에 초대할 수 있는 집이 있다면 좋을 텐데, 라는 식으로). 하지만 자신이 불행하다고 생각함으로써 얼마나 많은 행복을 잃고 있는지 생각해보자.

행복은 스스로
키워가는 것이다

> "우리에게 행복을 주는 의무만큼 우리가 소홀히 대하는 의무도
> 없다."
> ─로버트 루이스 스티븐슨

　행복은 자기 스스로 키워갈 수 있는 것이라는 사실을 아는 사람은 많지 않다. 대부분의 사람은 인생을 즐길 수 있는지가 유전적으로 이미 정해진 것이기 때문에 절대로 바뀌지 않는다고 여기고 있는 것 같다. 실제로 사람들의 성격에 대해 이야기할 때 흔히 '선천적'이라는 말을 쓴다. 마치 성격이 태어나기 전부터 이미 정해져 있어 바꿀 수 없는 것이라는 듯이.

　하지만 우리는 배우고, 스스로를 바꾸며 성장할 수 있다.

　태곳적 인간의 뇌는 매우 원시적이었다. 당시 뇌가 내리는 명령이라고는 대부분 자신을 지키라는 것과 먹을 것을 손에 넣으라는 것뿐이었으니까. 하지만 차츰 더 많은 것을 바라게 된 결과 뇌는 놀랄 만한 발달을 하게 됐고, 현재는 상상을 초월할 만큼 복잡

한 조직을 갖게 되었다. 우리가 일에 따라 다양한 방면으로 머리를 쓰는 것에서 알 수 있듯이 인간의 뇌는 뛰어난 적응력을 가지고 있다. 우리가 목적에 맞게 뇌에 온갖 요구를 하면 뇌는 그 요구에 맞춰 기능과 특징을 발달시키는 것이다. 다시 말해 뇌는 자신이 내린 명령에 따라 스스로를 바꿔 나간다.

용기에 대해 예를 들어 보자. 성공을 한 사람들 대부분은 어릴 적에 전혀 용기가 없었다고 한다. 하지만 그들은 나름대로의 훈련을 쌓아 왔다. 자신감을 키우며 끝없이 자신의 기분을 끌어올리고 용감한 행동에 생각을 집중시켰다. 그런 노력을 통해 용기를 몸에 익힌 것이다.

그럼에도 불구하고 대부분의 사람이 일에서는 자신 있는 분야를 만들기 위해 몇 년이고 시간을 소비하면서도 용기와 같은 내면적 자질은 단련이나 아무런 노력을 하지 않아도 쉽게 익힐 수 있는 것이라고 여기고 있다. 그리고 행복해질 수 있느냐 없느냐 하는, 그들에게 있어서는 무엇보다도 중요한 문제에 대해서는, 그런 자질을 우연히 지니게 되었느냐 아니냐에 따라서 결정된다고 착각하고 있다. 인생에 있어 소중한 그 모든 것, 엄청난 노력을 쏟아 붓지 않으면 손에 넣을 수 없는 것! 사람은 행복하지 않은 상태가 계속되는 사이 자신도 모르게 그것에 익숙해져 결국 불행해지고 만다. 불평불만만 토로하는 나쁜 습관에 빠져들고, 사소한 일로 자포자기하며 나쁜 측면만 바라보는 습관에 젖어 들어서는 안 된다. 특히 젊었을 때 그런 버릇이 생기면 결국 그런 사고에 얽매이게 된다.

예를 들어 내가 알고 있는 한 여성은 종양절제수술을 받은 날부터 인생이 확 달라졌다. 그 뒤로부터 무슨 일이 있으면 꼭 수술 이야기를 화제로 삼았으며, 집안에 우환이 생기면 모든 것을 다 수술 탓으로 돌렸다.

우리는 자신의 사고방식에 따라 크게 좌우된다. 환경과 교육, 사고습관은 부모로부터 물려받은 자질 이상으로 우리의 인생에 커다란 영향을 끼친다. 바오로는 제자에게 "마음을 새롭게 먹고 자신을 바꾸어라."라고 가르쳤는데 이 말은 너무나도 사리에 맞는 말이다. 의지의 힘으로 사물의 밝은 면과 정신을 높여주는 것에 눈을 돌리면 저절로 행복이 찾아오고 인생 전체가 풍요로워질 것이다.

어느 작가가 이런 말을 했다. "행복이란 원래, 커다란 모순으로 가득한 것이다. 행복은 그 어떤 토양에서도 자라고, 어떤 상황에 처해 있더라도 살아남는다. 행복은 인간의 내면에서 생성되므로 환경에 좌우되지 않는다. 행복이란 무언가를 손에 넣는 것이 아니라 당신이 어떤 인간인가 하는 것, 소유하는 것이 아니라 즐기는 것이다. 사람이 무엇을 소유할지는 환경에 의해 결정되지만 어떤 인간인지를 결정하는 것은 그 사람 자신이다. 무언가를 손에 넣었다면 그것은 그저 물건을 취득한 것에 지나지 않지만 무언가를 해냈다면 그 사람은 성장하게 되는 것이다."

밝고 상냥한 성격과 온화한 눈빛, 주위에 선의를 전하는 힘을 몸에 익히는 것은 모든 사람의 의무이며, 그럼으로써 타인의 인생을 밝게 해줄 수 있을 뿐만 아니라 당신 자신도 배려 깊은 태도에 대한 보상으로 뛰어난 인격과, 뛰어난 품성과 정신의 안정, 온화한 마음 등 무엇보다도 훌륭한 재산을 손에 넣을 수 있게 될 것이다.

한 시인은 "뿌리 깊은 사고방식을 바꿔보자."라는 말을 했다. "원하는 것이 자기 주위에 없다면 환경이 바뀔 때까지 지금 있는 것을 좋아하면 된다."라며.

"현재의 인생을 싫어하며 기운을 낭비해서는 안 된다. 거기서 뭔가 좋아할 수 있는 것, 즐길 수 있는 것을 찾고, 자신이 바라는 인생을 향해 착실하게 앞으로 나아가면 된다. 매일, 뭔가 행복해 질 수 있는 것을 발견하자. 오랫동안 가라앉은 기분으로 있으면 그것이 습관이 돼버려 행복해지고 싶다고 생각해도 당장은 바꿀 수 없게 되어버리기 때문이다."

도둑이 집에 들어오지 못하게 하는 것과 마찬가지로 공포와 불안, 이기심, 증오, 질투와 같이 마음을 어지럽히는 어두운 생각을 가슴속에 들어오게 해서는 안 된다. 이런 마음은 도둑보다도 훨씬 성질이 고약하다. 우리의 마음에서 안녕과 행복, 충족감을 앗아가 버리기 때문이다. 그런 침입자가 자신의 의식 속에 발을 디디게 해서는 안 된다. 언제나 어둡고 우울한 기분에 빠져 있으면 누구나 자연스럽게 위축돼 버리고 만다. 이와 반대되는 기분으로 생활하려고 한다면 쉽게 그와 정반대의 인간이 될 수 있다. 우리의 마음은 거의 사고습관에 의해 결정되는데 이 습관을 바꾸는 것은 그리 어려운 일이 아니다.

한 할머니가 사진을 찍으러 사진관을 찾았다. 이 할머니는 남북

전쟁으로 남편을 잃고 난 다음부터 항상 사람들이 접근하기조차 힘들 정도로 험한 표정을 짓고 있어 이웃 아이들의 공포의 대상이었다. 그 날도 그녀는 평소처럼 험한 표정으로 카메라 앞에 앉았다. 그러자 카메라맨이 얼굴을 들며 이렇게 말했다.

"좀 더 밝은 표정을 부탁드립니다."

할머니는 여러모로 노력을 해봤지만 여전히 어둡고 가라앉은 분위기는 사라지지 않았다.

"좀 더 즐거운 듯이요." 카메라맨이 아무렇지 않게 자신감을 가지고 지시를 내렸다.

"정말 답답한 사람이네!" 할머니가 퉁명스럽게 대답했다. "나처럼 처량하고 까다로운 노인이 누가 부탁했다고 당장 생긋거릴 수 있는 줄 아나? 웃는 얼굴을 찍고 싶다면 농담이라도 한마디 해보게."

"아니요, 그건 자신의 마음가짐에 달렸어요. 다시 한 번 해 보시죠."

카메라맨의 부드러운 말에 따라 그녀는 다시 한 번 노력해 봤다. 이번에는 조금 전보다 훨씬 좋아졌다.

"좋아요, 아주 멋져요. 아까보다 스무 살은 젊어 보여요." 이렇게 말을 하면서 카메라맨은 그녀의 얼굴에 일순간 스친 밝은 모습을 사진에 담았다.

할머니는 들뜬 기분으로 거리에 나섰다. 누군가에게 멋지다는 칭찬을 받은 건 남편이 죽고 나서 처음 있는 일이었다. 그녀는 밝은 기분으로 거울을 들여다봤다. "그 사람 말이 맞는지도 모르겠어……."

현상된 사진에 찍혀 있는 그녀는 마치 다른 사람 같았다— 젊었을 때처럼 생기 넘치는 표정. 그녀는 오랫동안 빠져들 듯이 사진을 바라보며 "한 번 할 수 있었으니 얼마든지 할 수 있을 거야."라고 혼잣말을 했다. 화장대 거울을 바라보며 "캐서린, 활짝 웃는 거야."라고 중얼거리자 사진을 찍을 때의 밝은 표정이 되살아났다. "좀 더 즐겁게."라고 말하자 온화한 미소가 얼굴 전체로 퍼져 나갔다. 얼마 안 가 이웃 사람들이 그녀의 변화된 모습에 놀라며 이렇게 물었다.

"부인, 갑자기 젊어지셨네요. 뭔가 비결이라도 있나요?"

"마음먹기에 달렸지요. 밝고 즐거운 마음만 있으면 돼요."

인간은 감정에 따라 아름답게도, 추하게도 된다. 불안, 고민, 격한 분노, 짜증, 불만, 허탈감, 부러움, 질투, 공포…… 이런 감정 모두가 독처럼 몸을 병들게 하고, 심신을 추하게 바꿔버린다. 하버드 대학 정신의학과 헨리 제임스 교수는 "미덕과 악덕은 아무리 사소한 것이라도 반드시 어떤 흔적을 남긴다. 자신의 행위를 완전히 지워버릴 수는 없다."고 말했다. 무언가에 의지하지 않고 아름다움을 손에 넣기 위해서는 내면으로부터 아름다워져야 한다.

자신의 감정을 컨트롤할 수 없게 된다면 진정한 행복과 성공을 손에 쥘 수 없다. 그리고 자신을 통제하여 행복해지기 위해서는 뇌에 지시를 내려, 자신의 몸을 조정하고 있는 것은 다른 누구도 아닌 자기 자신이라는 사실을 깨달을 필요가 있다.

예를 들어 세상에는 화를 참지 못하고 자신도 모르는 사이 감정을 폭발시켜버리는 사람이 있다. 그런 사람은 뇌가 전부가 아니라는 사실을 깨달아야 한다. 우리는 누구나 훈련만 한다면 자기 자신 속에 있는 모든 사고를 컨트롤하고, 모든 감정을 지배할 수 있다. 그렇게 되면 인간이라는 이 복잡한 장치가 폭주하는 일은 없을 것이다.

이것을 실생활을 예로 들어 설명해 보자. 우리는 특정한 사람 앞에서는 무슨 일이 있더라도 절대로 화를 내지 않는다. 그 사람이 있는 것만으로도 아무리 화나는 일이 있더라도 꾹 참을 수 있는 것이다. 그런데 회사나 집에서는 사소한 일에도 화를 내고 폭발해버리고 만다. 종업원을 단순히 회사의 톱니바퀴에 불과하다고 여기기 때문에, 혹은 집에 돌아오면 참지 않아도 된다고 생각하기 때문에 그런 행동을 하는 것이다. 이 예로 알 수 있듯이 우리에게는 자신이 생각했던 것 이상으로 스스로를 컨트롤할 수 있는 능력이 갖추어져 있다. 누구를 대하더라도 그에 걸맞게 경의를 표하고, 아무리 지위가 낮은 사람일지라도 존중하고, 더 나아가서 자기 자신을 더욱 소중히 여긴다면 자신을 억제하지 못해 고민하는 일은 사라질 것이다.

"행복에 대해 생각하고, 종종 그것을 되새긴다면 머지않아 언제나 행복함을 느낄 수 있게 되고, 수많은 선을 불러들이는 힘을 손에 넣을 수 있게 될 것이다."라고 작가 마가렛 스트우 부인이 말했다. "실제로는 어떻게 느꼈건 간에 항상 행복하고 즐겁게 생각한다면 어느 순간 그런 행동이 습관이 될 것이다."

그 첫걸음으로 커다란 행복이 찾아오기를 기다리지 말고 작은 것에서 가능한한 많은 기쁨을 찾도록 하자. 수많은 사람이 인생의 즐거움을 깨닫지 못하고, 아름다운 제비꽃과 지금 당장이라도 활짝 피어오르려고 하는 작은 꽃망울을 짓밟고 있다. 우리는 필사적으로 커다란 성과를 얻으려 하지만 실은 무수히 많은 작은 것들, 인생의 여로에서 만나는 사소한 기쁨이야말로 우리를 행복하게 해 주는 것이다.

이런 말을 남긴 선인이 있다. "별똥별은 흔히 볼 수 없지만 햇빛은 매일 모자람 없이 비추고 있다. 별똥별이 나타나지 않는다고 피지 않는 꽃이 있다면 그 얼마나 어리석은 식물인가? 그와 마찬가지로 당신에게 지금 당장 엄청난 행복이 찾아올 가능성은 별로 없지만 작은 기쁨이라면 수도 없이 찾을 수 있을 것이다. 그 하나하나를 마음껏 즐겨라. 친구에게서 편지가 왔다, 안락한 사무실에서 일을 할 수 있다, 저녁 식사 시간에 유쾌한 사람을 사귀었다, 향수병에 걸린 동료에게 위로의 말을 했다 등. 행복은 세상 사람들이 말하는 만큼 쟁취하기 힘든 것도 아니고, 운에 좌우되는 것도 아니다. 오히려 세상에 가장 많이 널려 있는 것 중 하나다. 그리고 매일 작은 기쁨을 충분히 맛볼 수 있는 사람이야말로 행복해질 수 있는 비결을 습득한 사람이다."

자신의 생활이 너무나도 평범하고 무미건조해 재미없다고 느끼는 사람도 있을 것이다. 하지만 젊었을 때 생각했던 것만큼 장밋빛이 아니라고 해서 현재의 생활에 실망할 필요는 없다. 단지 당신이 행복하게 사는 습관을 몸에 익히지 못해 눈앞의 인생을 즐길 줄 모르는 것에 불과하기 때문이다. 당신 바로 옆에 당신과 똑같은 생활을 하고 있지만 행복을 찾은 사람이 있을지도 모른다. 직장에 당신과 비슷한 생활을 하고 있지만 언제나 큰소리로 웃고 있는 사람은 없는가? 그런 사람은 자신이 처해 있는 환경을 즐기는 방법을 알고 있는 것이다.

세상에는 인생에서 얻을 수 있는 것이 적다고 한탄하는 사람들이 많다. 하지만 실제로는 인생에서 가능한 한 많은 것을 얻으려 하는 바로 그런 태도 때문에 오히려 얻을 수 있는 것이 적어지는 것이다. 인생에서 가장 많은 보상을 받는 것은 인생에 누구보다도 많은 열정을 쏟아 부은 사람이다. 아무것도 하지 않은 채 대가를 요구하는 것은 마치 농부가 씨앗을 뿌리지 않은 채 앉아서 수확을 기다리는 것과 같은 것이다. 작은 땅덩어리를 경작하여 어떻게 해서든 작물을 얻고자 하는 농부처럼 우리들도 인생에 가능한한 많은 것을 쏟아 붓고, 평소 일상생활을 풍성하게 하지 않으면 안 된다. 사랑으로 넘치는 마음, 쾌활함과 봉사정신을 잊지 않는다면 인생에서 얻는 것이 적다거나, 아무런 보상도 받지 못했다는 어리석은 탄식은 하지 않을 것이다.

진정한 행복이란 우리 내면에 있는 숭고한 정신을 키우고, 성장시킴으로써 얻어지는 것이다. 자신만 생각한다면 더욱 더 탐욕만

늘 뿐, 행복에서 멀어지고 만다. 고상한 목표를 향해 이기심을 버리고 타인의 행복을 바라며, 먹구름이 걷힌 마음으로 인생을 바라보지 않는다면 결코 행복해질 수 없다.

인생에서 진정한 행복을 쟁취하기 위해서는 언제나 대상의 밝은 면을 바라보는 것이 중요하다. 당신의 목표가 무엇이든, 아무리 고난과 불운에 빠졌다 할지라도, 매일 일상생활을 가능한 한 즐기도록 하자. 제아무리 힘들고 빠져나오기 힘든 상황에 처해 있더라도 마음만 먹으면 반드시 좋은 면을 발견할 수 있다. 나쁜 쪽으로만 생각하는 태도를 버리고 언제나 마음속에 태양을 품고 있자. 아무리 앞길이 험난하다 할지라도, 일말의 희망조차 보이지 않는다 할지라도 포기해서는 안 된다. 절망하지 말고 꾹 참으며 신념을 가지고 노력하자. 하나의 길이 닫히면 반드시 새로운 길이 열리는 법이니까.

행복을 스스로 키워나가는 힘을 기르자. 불행한 것은 몸을 씻지 않는 것과 마찬가지로 창피한 일이다.

◆ 매일 아침, "오늘 하루 동안에 반드시 즐거운 일을 찾아내겠다."고 스스로에게 다짐하자. 작은 일에도 행복의 씨앗이 잠들어 있다. 아무리 힘든 일 속에도 반드시 뭔가 도움이 되는 것과 즐거운 것이 있는 법이다.

◆ 자신이 얼마나 행복한지 생각해보자. 아무리 고민스럽더라도 지금 이 순간, 당신의 머리 위에는 행복해 보이는 사람들과 마찬가지로 태양과 달, 별이 빛나고 있다. 아름다운 것을 사랑할 수도 있고, 새로운 사람과 만나 우정과 사랑을 싹틔울 기회도 있다. 비바람을 피할 집도 있고 수도꼭지를 틀면 언제나 물이 나온다.

◆ 더욱 더 행복해지고 싶다면 행복을 방해하고 있는 것이 당신 자신이 아닌지 생각해보자. 자신의 불행을 한탄하는 대신 행복한 기분으로 살자. "좋은 것도, 나쁜 것도 본인 생각에 달렸다."(셰익스피어) 자신의 환경이 아무리 초라해 보일지라도 이 세상에 당신을 부러워하는 사람은 얼마든지 있다. 당신 집에는 수도가 있고 언제라도 따뜻한 물로 샤워를 할 수 있다. 라디오를 켜고 아름다운 음악에 귀를 기울이며 마음을 위로할 수도 있다. 그런 작은 일들을 행복하게 여겨야 한다.

◆ 멋진 일이나 비싼 것만이 행복을 가져다주는 것은 아니다. 요트와 바닷가 별장이 없어도, 자주 해외여행을 다닐 만큼 재력이 없어도 사람은 행복해질 수 있다. 세상에는 그런 것이 없어도, 그 존재조차 모르지만 그래도 행복하게 살아가는 사람이 수도 없이 많다. 애완동물과 놀고, 아이들과 이야기를 나누고, 정원에 식물을 키우고, 잘 키운 꽃을 테이블에 장식하고, 친구들과 자전거나 산책을 즐기고, 처음 가는 장소로 드라이브를 떠나는 등 행복을 가져다주는 것은 일상의 이런 사소한 일들이다.

자신을 믿고
다짐하자

> "사람은 자신이 되고 싶다고 생각한 인간이 된다. 그리고 그 외의 사람은 될 수 없다."

뉴욕에서 오페라 가수를 지도하고 있는 한 유명한 음악가가 재능은 있지만 자신감이 없는 소녀에게 이런 조언을 했다. 매일 거울 앞에 서서 포즈를 취하고 거울 속 자신을 향해 "이게 나야, 나!"라고 힘차게 외쳐라. 그리고 자신이 오늘 무대의 프리마돈나라고 상상해라. 항상 스스로에게 이렇게 말을 걸면 자신감이라는, 당신에게 그 무엇보다 소중한 것이 자연스럽게 몸에 배일 것이다, 라고. "아무것도 두려워하지 말고, 자신의 능력에 자신감을 가지고 실력에 어울리는 위엄을 가져라."라고 음악가는 격려해주었다. 이 말은 그 어떤 음악 레슨보다 효과적이었다. 배운 대로 하는 사이 소녀는 놀랄 정도로 자신감이 생겼고 내성적이고 우물쭈물거리는 태도가 완전히 사라져버렸다.

바라는 자신의 모습을 생생하게 연상하고 나는 반드시 그렇게 될 것이라고 다짐하는 것에는 엄청난 효과가 있다. 머릿속으로 생각하고 있는 확고한 신념을 입 밖으로 발산하면 그것이 우리의 마음속 무의식 부분에 영향을 주어 그 말이 현실로 이루어지게 된다. 항상 "나는 건강하다, 나는 힘이 있다, 나는 옳다, 나는 아름답다."고 되뇌이며 그 말을 믿는다면 정말로 그렇게 이루어지는 경우가 많다.

사람은 자신의 능력을 끝없이 믿으면 커다란 성과를 올릴 수 있다. 자신이 한 말들에 현실을 바꾸는 힘이 있다고 생각하는 사람은 많지 않다. 하지만 말이란 끝없이 우리의 몸에 영향을 미치고, 얼굴 표정을 만들고, 목표를 향해 우리를 인도해준다. 예를 들어 높은 지위에 오르려는 의지가 강하고, 돈을 모으는 것이 삶의 목표인 사람은 자신이 성공할 수 있다고 생각하고, 그렇게 믿기만 할 뿐 아니라 "나는 반드시 성공하겠다."고 입을 열어 다짐한다. 그들은 결코 "오늘은 잘 될지 어떨지 모르지만 일단 열심히 해보자. 어쩌면 좋을 결과를 얻을 수 있을지도 몰라."라는 식으로는 말하지 않는다. 그냥 간결하게, 자신은 생각한 것을 꼭 이루고 말겠다고 말한 다음 그 생각을 실현하기 위해 계획을 실행에 옮긴다.

나는 이렇다, 나는 이렇게 할 것이다, 라는 굳은 결의를 가지고 자기 자신에게 말하며 그 생각을 실현하기 위해 끈기 있게 노력한다면 누구나 엄청난 힘을 발휘할 수 있다. 이 방법을 한 번이라도 실천한 경험이 있는 사람은 그 효과를 의심하지 않을 것이다. 단, 효과를 올리기 위해서는 자신이 말한 것을 믿지 않으면 안 된다.

아무리 "나는 건강하다, 나는 유복하다."고 말했다 할지라도 그것을 믿지 않는다면 아무런 효과도 얻을 수 없을 것이다.

말을 실제로 입 밖으로 냄으로써, 같은 말을 입속에서 중얼거리기만 해서는 얻을 수 없는 힘을 얻을 수 있다. 소리 내서 말하면 우리 내면에 잠들어 있는 에너지가 깨어나게 된다. 책을 눈으로만 읽는 것보다 귀로 들었을 때 깊은 감명을 받는다. 입 밖으로 낸 말—특히 마음속에서 진지하게 나온 말—에는 신선함과 박력이 있다. 굳은 신념을 가지고 마음속으로 자기 자신에게 말을 걸면 단순히 마음속으로 결심하는 것보다 생각이 실현될 가능성이 훨씬 더 높아질 것이다. 작은 아이에게 말을 걸듯이 마음속 자신(또 하나의 자신)에게 말을 걸어보자. 그러면 틀림없이 내면의 자신이 그 목소리에 귀를 기울여 당신의 제안을 받아들일 것이다. 원래 인간은 언제나 마음속의 자신에게, 목소리를 내지는 않지만 여러 가지 제안과 명령을 전달하고 있는 법이다. 우리는 무의식 속의 또 다른 자신에게 충고하고, 제안하여 마음먹은 방향대로 자신을 바꾸려 하고 있다.

예를 들어 내 친구 중에는 자신의 실패와 결점을 자기 자신에게 들려준 덕분에 아주 큰 성공을 거둔 사람이 있다(그의 말에 따르면 자기 자신과 "허심탄회하게 속을 털어 놓고 이야기 했다."고 한다). 그는 야심이 시드는 걸 느끼면 스스로를 꾸짖고 일의 질이 떨어지면 스스로를 분발하도록 재촉했다. 그리고 어떤 실패에 대해서도—약속 시간에 늦었다, 짜증을 냈다, 종업원들에게 아무 이유 없이 화를 냈다 등— 자신과 대화를 했다. 자기 자신의 이름을 부르며, 또 다른 자신—더 뛰어난 자신—의 모습을 연상하며 너라면 반드시 할 수 있다고 끊임없이 말을 걸었다. 그의 말에 따르면 이 습관만큼 도움이 된 것도 없다고 한다. 아침에 일어나면 오늘은 어제보다 나은 인간이 되자, 인내심을 키우자, 더욱 사회를 위해 노력하자고 말한다. 옷을 갈아입으면서 어제의 실패와 오늘의 목표에 대해 이런 식으로 자기 자신과 이야기를 나누는 것이다.

"존, 너는 어제 화를 참지 못했어. 부하의 실수에 자제심을 잃어 웃음거리가 돼 버렸지. 때문에 사원들의 미움을 샀고, 동요한 탓에 주의를 기울였어야 할 큰 문제에 제대로 대처하지 못했지. 더 이상 그런 실패를 해서는 안 돼. 사소한 일로 마음이 흔들리다니, 너는 속이 좁은 남자다. 회사 내의 작은 일에 일일이 간섭한다면 리더로서 자격이 없는거야."

그의 가장 큰 약점은 우유부단한 성격으로 나중에 바꿀 수 없는 중대한 결단을 내리기가 쉽지 않았다. 때문에 언제나 시간이 다 될 때까지 결정을 내리지 못하고 방치하는 습관이 있었다. 필요할 때까지 편지 봉투를 뜯지 않았고 서류에는 서명을 하지 않았으며, 약속을 체결하지 않았다.

하지만 그는 자신에게 이렇게 말을 걸면서 결국 이런 약점을 극복했다고 한다.

"이 우유부단한 성격 때문에 네 커리어가 전부 허사가 돼버렸잖아. 높은 자리에 오르고 큰일을 달성한 사람들은 모두 자신을 갖고 빠른 의사결정을 하는 법이야."

자신을 향해 남에게 말을 걸듯이 이야기를 해보자. 좋아하는 친구에게 충고하거나 능력은 있지만 용기가 없는 사람을 격려하듯이 말을 걸어보자. 사람들 눈에 띄지 않는 곳으로 가서 자신의 결심을 입 밖으로 내자. 그러면 그 말이 놀랄 정도로 생생하게 기억에 남아 그 충고를 따르게 된다.

하지만 결점을 극복하고 싶을 때는 자신감을 가지고 반드시 할수 있다고 단언하지 않으면 안 된다. 예를 들어 "이게 나쁜 습관이라는 건 알고 있어. 만약 이대로 계속 술을 마신다면(혹은 담배를 계속 피운다면) 내 인생을 망칠 거야. 하지만 안 돼. 나쁜 습관이 이미 몸에 배어 그만둘 수가 없어."라는 식으로 말을 해서는 절대로 진보할 수 없다. 바라는 자신이 되고 말겠다고 자신만만하고 끈기 있게 말을 걸어야 한다. "나는 언젠가 반드시 성공하고 말 거야."라고하지 말고 "나는 반드시 성공할 사람이야."라고 말하자. "나는 미래에 행복해질 거다."가 아니라 "나는 행복해지기 위해 태어났다. 나는 지금 행복하다."고 말하자.

자신에게 말을 거는 것이 처음에는 바보 같이 느껴질지도 모르지만 신경 쓰지 말자. 나는 이렇게 하고 싶다, 이렇게 되고 싶다는 말을 반복해서 하는 사이에 자신도 모르게 자신감이 생기고 정말로 그렇게 돼 갈 것이다. 누가 뭐라고 하든, 무슨 소릴 하든 자신이 결정한 일은 분명히 성공할 수 있다고 믿지 않으면 안 된다. "이 세상에는 내가 아니면 이룰 수 없는 사명이 있다."고 굳게 믿자. 평생이 걸려도 나는 대단한 일을 할 수 없다는 등의 말은 실수로라도 해서는 안 된다. 그렇게 하면 자신과의 대화를 통해서 모든 결점을 바로잡아 엄청난 은혜를 입게 될 것이다.

한 청년은 낯가림이 너무 심해 거리에서 누군가 만나게 될 것 같으면 일부러 길 반대편으로 건너갈 정도였다. 그는 모르는 사람이 말을 걸면 패닉현상을 일으킬 정도였다. 자신은 형편없는 사람이라고 생각하고 무슨 일에나 자신을 과소평가했다. 하지만 그런 그도 자신과의 대화를 통해서 결점을 극복했다. 지금은 아무도 이 청년이 내성적이고 소심한 사람이었다는 사실을 믿지 않을 정도다.

청년은 마을에서 멀리 떨어진 곳에서 자신의 생각을 솔직하게 말했다고 한다. "아더, 네가 남들과 다른 점이 있는지 생각해보자. 사람들을 대할 때는 자신감 있게 당당히 얼굴을 들고 자신을 비하하는 것을 그만두자. 나 같은 건 죽는 게 좋다고 생각하거나, 어딜 가거나 내가 설 자리는 없다고 생각하지 말자."

그리고 훌륭히 행동을 했을 때는 소리를 내서 자신을 칭찬했다. "아더, 잘 했어. 대단해! 나는 네가 자랑스러워. 이것이 진정한 네 힘이야. 언제나 이렇게 노력한다면 틀림없이 큰 인물이 될 거야." 이런 칭찬도 매우 효과가 좋았다고 한다.

자신을 객관적으로 바라보면 의식의 내면에 잠들어 있던 잠재적 힘이 깨어나게 된다. 그리고 우리는 자신에게는 없을 것이라고 생각했던 힘, 인생을 단번에 바꿔버릴 수 있는 감춰진 능력이 마음속 깊은 곳에 존재한다는 사실을 깨닫게 될 것이다. 대부분의 사람은 자신이 가진 진정한 능력 중 겨우 몇 퍼센트 밖에 사용을 못하고 있다. 개중에는 쉰 살이 넘어서 맞닥뜨린 위기를 계기로 감춰진 힘을 찾게 된 사람도 있지만 많은 사람은 자신의 진정한 힘을 모르는 채 생을 마감한다.

당신이 지금의 자신에 만족하지 못하고, 인격이나 일에 대해 아직 성장이 부족하다고 느꼈다면 진보를 가로막는 원인이 틀림없이 있을 것이다. 그것이 무엇인지를 찾아 자기 자신에게 말을 걸자. 나는 이렇게 되고 싶다. 그렇게 될 것이라고 가능한한 자신감을 갖고 맹세하자. 자신의 마음속을 들여다보고 친구와 상담하듯 친근하고 객관적으로 자신의 장점과 단점을 분석해보는 것이다. 그리고 자신에게 무엇이 필요한지, 어떤 인간이 되고 싶은지를 소리 내어 말해보자. 목표를 확실히 정하고 그 목표를 향해 자신을 가지고 착실하게 앞으로 나가자. 의심과 망설임으로 가득한 마음은 아무것도 만들어내지 못한다. 반드시 해낼 수 있다는 마음가짐을 태도와 복장, 행동, 대화 그리고 우리가 입에 담는 모든 말로 표현하자. 항상 자신의 주변에서 나는 성공한다는 분위기를 만들어내자.

시인 휘트먼은 "내 자신이 행복 그 자체다."라는 말을 남겼다.

자신에게 말을 걸어서, 자신은 이렇게 되고 싶다고 생각하고 있는 사람 그 자체라고 마음속으로 굳게 믿을 수 있게 된다면 셰익스피어의 〈윈저의 유쾌한 아낙네들〉에 등장하는 악당처럼 "조개처럼 굳게 닫힌 세상의 입을 힘껏 열어 진주를 차지할 뿐이다."라고 눈을 부릅뜨게 될 것이다. 그리고 우리가 필사적으로 추구하고 있는 행복이 언제나 쉽게 자신의 것이 될 것이다.

◆ 자기 자신과 좀 더 솔직하게 대화를 해보자. 그러면 당신의 모든 인격이 바뀌고 인생이 바뀔 것이다.

◆ 행복과 기쁨을 느꼈던 순간을 잊지 말도록 하자. 당신에게는 기쁨을 느낄 권리가 있으며 더욱 행복해져도 좋은 것이다.

◆ 자신이 바람직하다고 생각하는 자질을 써서 소리 내 읽어보자. '신념', '용기', '자신', '야망', '정열', '인내력', '집중력', '주체성', '명랑', '낙관적', '치밀함' 등. 자신에게 이런 자질이 있는지, 아니면 그 반대인지 생각해보자. 자신의 약점을 피하지 말고 입 밖으로 소리 내어 말해보자. 결점을 있는 그대로 바라보고 어떻게 하면 고칠 수 있을지 생각하자. 자신의 장점을 어떻게 살리면 좋을지 생각하자. 그리고 자신에게 이런 질문을 던져보자. "너는 왜 여기 있는가? 이 세상에서 너는 어떤 의미가 있는 사람인가? 명성과 돈, 쾌락을 쟁취하는 것이 인생의 목적인가? 너는 남의 것을 부러워하지 않고 자신의 야심만을 좇고 있는가? 너는 언젠가 큰일을 해내겠다며 꿈만 꾸고 있는가? 아니면 작더라도 지금 할 수 있는 일을 하고 있는가? 너는 살면서 타인에게 무언가 나눠주고 있는가? 혹시 아무것도 나눌 수 없다면 격려와 도움의 손길을 건네고 있는가? 네가 사라진다면 주변 사람들이 아쉬워할까?" 이렇게 자신의 내면을 들여다보고 자신의 장점과 단점을 확실히 깨닫자. 특히 자신에게 결여된 점, 자기 능력의 몇 십 퍼센트를 손상시키는 약점을 분명히 알자. 그리고 그런 약점 때문에 당신의 인생과 행복이 수포로 돌아가지 않도록 "절대로 극복하겠다."고 매일 자기 자신에게 말을 걸자.

자제심을
잃지 말자

"의지의 힘과 자제심—이 두 가지가 인격의 강인함을 결정한다. 따라서 높은 인격을 몸에 익히기 위해서는 강한 사고와 그에 대한 강한 통제력이 필요하다."
— F. W. 로버트슨

선천적으로 품성이 온화해서 자제심이 전혀 필요 없는 사람은 존재하지 않는다. 또한 반대로 불같은 성격을 지닌 사람이라도 본인이 조심한다면 사랑스런 인간이 될 수 있다.

성서학자 매쉬 핸리가 이런 말을 했다. "어느 부부는 둘 다 불같은 성격이지만 서로 정한 한 가지 규정 덕분에 사이좋게 살고 있다. 그것은 무슨 일이 있더라도 절대로 둘이 동시에 화를 내서는 안 된다는 규정이었다."

워털루 전투에서 영국을 승리로 이끈 명장 웰링턴 경의 자택에 정신이 온전치 못한 남자가 침입한 적이 있다고 한다. 남자는 쉽게 경의 서재에 침입해 "나는 타락 천사 아폴론이다. 네 목숨을 거두러 왔다."고 외쳤다.

"나를 죽이겠다고? 황당한 소리를 하는군. 꼭 오늘이 아니면 안 되겠나?"라고 경이 대답했다.

"잘 모르겠지만 어쨌거나 사명을 완수하지 않으면 안 된다."

"큰일이군, 아쉽게도 오늘은 너무 바쁜데. 편지를 많이 쓰지 않으면 안 되네. 미안하지만 다음에 오면 안 될까? 미리 연락을 해주면 준비하고 있겠네."

이렇게 말하고 경은 고개를 숙인 채 편지를 계속 썼다. 남자는 웰링턴 경의 냉정함에 당황하여 정신을 차리고 방에서 나갔다.

빅토리아 왕조 시대의 영국에서 한 보수당 후보자가 표를 모아 정계에 나가기 위해서는 어떻게 하면 좋을지 선배 의원에게 조언을 구했다. 의원은 처음에 "내게 말대답할 때마다 벌금 5파운드를 낼 것."이라는 약속을 하게 했다. 후보자는 "알겠습니다. 바로 시작하겠습니다."라고 대답했다.

"먼저 이걸세. 누가 자네를 욕하더라도 절대 화를 내서는 안 되네. 화를 내지 않도록 항상 주의할 것."

"그건 간단합니다. 무슨 소릴 듣건 저는 신경 쓰지 않으니까요."라고 후보자가 대답했다.

"아주 훌륭해. 어쨌거나 이게 첫 번째 교훈일세. 헌데 솔직히 말해 나는 자네 같은 무절제한 악당은 당선되지 않는 게 좋다고 생각하네."

"어째서 그런 말씀을······."

"자, 5파운드 내게!"라며 의원이 손을 내밀었다.

"네? 그랬군요. 이것도 수업이었군요."

"그래, 하지만 아까 한 말은 진심이네."

"너무 심하신 거 아닌가요?"

"또, 5파운드."

"이런, 제가 좀 더 감정을 자제하지 않으면 안 되겠군요."

"그래, 물론 좀 전에 한 말은 전부 취소하겠네. 자네는 매우 훌륭한 남자야. 가난한 집안에서 태어나 평판이 나쁜 아버지 밑에서 자란 거 치고는."

"어떻게 그런 무례한 말을!"

후보자는 다시 벌금을 내야 했다. 이렇게 자제심을 키우는 수업이 이어졌고 후보자는 상당한 벌금을 내야 했다. 마지막에 선배 의원은 이런 말로 대화를 마무리했다. "절대로 잊지 말게. 정치판에서는 굴욕을 당해 화를 낼 때마다 5파운드 대신 한 표씩 잃게 된다는 것을. 그리고 유권자의 표에는 돈보다 큰 가치가 있네."

참지 못하고 욱하는 성격 때문에 많은 사람들의 인생이 허사가 되고 만다. 그와 반대로 항상 자신을 통제하고 온화한 마음으로 살 수 있다는 건 얼마나 훌륭한 일인가? 마음속이 분노로 가득 찼을 때는 더 이상 감정이 격해지지 않도록 입을 다물자. 화를 내는 것은 건강에 좋지 않다. 분노 때문에 발작을 일으키다 목숨을 잃은 사람도 많다.

영국의 목사이자 시인인 조지 하버드는 "타인과 토론할 때는 냉정하지 않으면 안 된다. 격정에 휩싸여 있을 때는 잘못을 지적해도 질책을 하고 있는 것처럼 들리고, 진실을 말해도 무례하게 느껴진다."고 말했다. 또 철학자 소크라테스는 화가 났을 때는 의식적으로 목소리를 낮추어 화를 가라앉혔다고 한다. 갑작스럽고 격렬한 분노에 휩싸였을 때도 그것을 말로 내뱉지 않기 위해 자제했을 때나, 절묘한 농담으로 전환시켰을 때, 우리는 자기 자신에게 만족감을 느끼게 된다. 반대로 욱해서 생각했던 것과 반대되는 언행을 했을 때는 자신이 부끄러워 참을 수 없게 된다. 급한 성격은 인간에게 있어 최대의 약점이다. 인간이라는 기계에 화라는 모래가 섞여 버리면 심한 마찰을 일으켜 베어링이 망가지고 만다.

또 다른 일화를 소개해보자. 신중한 성격 덕분에 이득을 본 도널드 매클리라는 스코틀랜드 사람의 이야기다. 도널드는 시골에서 작은 잡화점을 경영하고 있었다. 유리창은 더럽고, 여기저기 거미줄이 쳐진 가게로 벌이도 신통치 않았다. 어느 날 그는 런던에 편지로 염료인 인디고 40파운드를 주문했다. 그 정도만 있으면 10년 동안은 주문을 하지 않아도 됐다. 그런데 상대가 주문을 착각해서 40톤이나 되는 염료를 보내왔다. 도널드가 황당해 하고 있자니 일주일 뒤 런던에서 훌륭한 차림새의 세일즈맨이 찾아와 자신들의 실수이니 물건을 되돌려 달라는 것이었다. 도널드는 이런 훌륭한 차림새의 직원이 찾아온 데는 뭔가 이유가 있을 것이라고 생각하고 그 청을 거절했다. 세일즈맨은 어떻게 해서든 주인을 설득하려 했지만 도널드가 "남자는 두 말하지 않는다."며 완고하게 거절하자 결국에는 사정을 털어 놓았다.

"실은 인디고 주문이 쇄도해 물건이 달리고 있습니다. 당신이 반품해 주신다면 500파운드를 드리고 배송비도 부담하겠습니다."

도널드는 이 제안도 거절했다. 상대가 어떻게 나올지 좀 더 두고 보기로 한 것이다. 결국 상대는 "정말 고집이 세시군요."라며 두 손을 들었다. "그럼 5000파운드 드리죠. 더 이상은 드릴 수 없습니다." 물론 도널드는 이 제안을 수락했다. 그해 서인도에서 인디고의 원료가 되는 쪽이 흉작이었기 때문에 군대 제복을 물들일 염료가 부족했던 것이다. 이렇게 해서 도널드 매클리는 자제심 덕분에 큰 재산을 손에 넣을 수 있었다.

제아무리 뛰어난 능력이 있더라도 자제심이 없으면 반드시 자신의 감정과 주변 상황의 영향을 받게 된다. 사전 편집자 로버트 에인스워드는 완벽하게 자신을 억제할 줄 아는 인물이었다. 그는 아내가 엄청난 분량의 원고를 난로 속에 던져 넣었을 때도 화를 내지 않고 온화한 자세로 책상 앞에 앉아 처음부터 다시 원고를 쓰기 시작했다고 한다.

사람을 평가할 때는 그 사람이 얼마나 격한 감정에 휩싸여 있는가가 아니라 얼마나 굳건하게 감정을 억제하고 있는가를 보지 않으면 안 된다. 물론 감정은 없어서는 안 되는 것이다. 정열은 마치 바람처럼 인간이라는 배를 앞으로 나가게 해준다. 그리고 그 배를 조정하는 것은 이성이라는 이름의 키다. 바람이 없으면 배는 앞으로 나갈 수 없고, 키가 없으면 방향을 잃게 된다. 하지만 진정한 성공을 이룬 사람은 이성과 정열이라는 두 가지 힘을 조절하는 방법을 알고 있다. 그들은 좋을 때나 힘들 때나 자신을 엄하게 제어하며 자신의 임무를 망각하지 않는다.

자제심이 있으면 작은 재능만 있어도 성공할 수 있지만 자제심이 없는 사람은 아무리 커다란 재능을 가지고 있다 하더라도 일이 뜻대로 되지 않는다. 사람은 아무리 병약하고 교육을 받지 못했다 하더라도 성공할 수 있지만 자제심—역경과 불운에 굴하지 않고 자신을 긍정하는 삶의 자세를 가능하게 하는 위대한 힘— 없이는 성공을 쟁취할 수 없다. 자제심이 있는 사람은 자유로운 마음을 가진 사람이다. 그리고 자유란 힘이며, 충족감이며, 행복 그 자체다.

◆ 토론에서 결론을 내리려고 생각하지 말 것. 우리는 걸핏하면 자신의 의견을 관철시키고 상대가 잘못을 인정하게 만들려 한다. 분명히 그러는 것이 좋을 때도 있지만 그렇게 해봐야 스트레스만 쌓이고 마는 경우도 많다. 정말로 흑백을 분명히 할 필요가 있는지 잘 생각해보자. 큰소리로 싸워야 한다면 상대에게 승리를 양보하는 것이 좋을 때도 있다.

◆ 타인에게 상처를 주는 말이 아니라 배려 깊은 말을 하자. 황당한 뒷담화를 완전히 피한다는 것은 쉬운 일이 아니다. 뒷담화에 가담하지 않은 탓에 동료들의 미움을 받게 될 우려도 있다. 하지만 부드러운 말을 하지 못할 거라면 그냥 입을 다무는 게 낫다. 그러면 하루가 끝날 무렵 양심의 가책으로 괴로워하거나 행복을 놓쳐버리는 일은 없을 것이다.

◆ 적개심과 분노, 혼란 속에서도 냉정함을 잃지 않도록 하자. 혼란에 빠져 있을 때 무엇보다도 필요한 건 냉정함이다.

◆ 분노가 폭발할 것 같으면 일단 혼자가 돼서 마음을 가라앉히자. 우리는 종종 분노에 휩싸인 감정에 따라 행동하여 나중에 후회를 하게 되는 경우가 있다(그리고 행복에서 더욱 멀어진다). 아무리 자신이 옳다고 하더라도 "그렇게 말을 하지 않는 게 좋을 걸 그랬다."며 후회한다. 따라서 폭발할 것 같으면 "지금은 너무 화가 나서 내 기분을 확실히 전달할 수 없어. 잠시 밖에서 머리를 식히며 다시 생각해보고 돌아올게."라고 솔직하게 말하자. 단, 이 경우 반드시 나중에 다시 대화를 나눌 것(가능하면 구체적인 시간을 정해두는 것이 좋다. '한 시간 뒤에 올테니까.', '이 이야기는 내일 다시 한 번 천천히 하도록 하자.' 등).

재산과
행복

"세속적인 것으로 넘쳐나는 지금, 모든 사람들이 뭔가를 얻는
것, 돈을 쓰는 것에만 노력을 기울이고, 자연으로는 눈을 돌리지
않고 있다. 한심스럽게도 우리는 영혼을 잃어버린 것이다."

―워즈워드

현대는 물질적인 것의 힘이 과대평가되고 있다. 인생에서 행복
과 기쁨을 가져다주는 것은 물질적인 것에 있다고 여겨지고 있다.
하지만 재물만이 진정한 행복의 원천이라고 한다면 너무나 불행
한 일이다. 그렇다면 부자는 항상 행복하고 가난한 사람은 항상 죽
을 때까지 행복해질 수 없을 것이다. 하지만 다행히도 재산만이 사
람을 행복하게 해주는 것은 아니다. 실제로 부자들의 대부분이 돈
으로 행복을 살 수 없다는 것, 돈으로는 사람 마음의 일부분밖에
채울 수 없다는 것을 알고 낙담하고 있지 않은가.

미국의 정치가 벤자민 프랭클린은 "돈이 사람을 행복하게 해준

일은 아직까지 없었다. 또한 돈이란 원래 행복을 가져다주는 것이 아니다."라는 말을 남겼다. 그럼에도 불구하고 우리는 부유하게 살고 있는 사람을 보면 자신이 가지고 있는 것을 하찮게 여기게 된다. 어째서 타인이 자신보다 많은 재산을 가지고 있으면 자신이 가지고 있는 것을 하찮은 것으로 여기게 되는 것일까? 막대한 부를 축적한 사람 앞에서는 왜 비굴해지고 고개를 숙이지 않으면 안 되는 것일까? 돈만이 모든 가치의 척도가 되는 것일까? 돈은 인격보다 중요한 것일까? 얼마나 많은 부를 축적했는지가 행복의 척도라고 하지만 우리의 내면에는 그보다 훨씬 풍성하고 훌륭한 것이 있다.

사실 부만을 좇는다는 것은 엄청난 위험이 따르는 일이다. 우리는 부를 좇는 사이 사실은 자신에게 도움이 되지 않는 일이나, 스스로의 영혼을 타락시켜 품위가 떨어지게 하는 일을 하기 쉽기 때문이다. 예를 들어 숭고한 목적을 위해 활동하고 있는 사람들 중에는 부자가 별로 없다. 부자는 대부분 어려운 사람들을 돕거나 대의를 위해 노력하지 않고 자선단체에도 들지 않는다. 제아무리 돈이 많더라도 그 밖의 부분에서 가난하다면 그 사람은 풍요롭다고 할 수 없을 것이다.

재물의 욕심만 고집하고 항상 돈벌이와 자신의 이익만을 생각하고 있으면 행복은 손에 넣을 수 없다. 게다가 처음에는 가벼운 마음으로 시작했지만 결국은 돈에 집착하게 된다. 그렇게 되면 사람은 윤리관을 잃고, 진실과 의무를 가볍게 여기게 되며, 자신의 욕망을 채우기 위해 점점 비열해진다. 이런 마음에 사랑은 찾아올 수 없다. 마음속 깊은 곳에 잠들어 있던 나쁜 버릇 때문에 행복과 충족감, 감미로움을 느끼게해주는 꽃과 나무들이 시들어버린다.

게다가 재산은 수많은 새로운 의무를 만들어내고 모든 일을 복잡하게 하는 경우가 많다. 예를 들어 작가 로버트 루이스 스티븐슨이 어느 날, 화재로 저택이 다 타버린 친구에게 축하 전보를 쳤다고 한다. 대부분의 사람은 돈만 있으면 뭐든 원하는 대로 할 수 있고 행복해질 수 있다고 생각하지만 스티븐슨은 재산이 가져다주는 고통을 알고 있었다. 사실 이 친구의 아내는 십여 명의 하인과 광대한 저택의 관리로 정신을 차리지 못할 정도였다.

물질적인 재산으로 진정한 행복을 얻을 수 있다는 것은 완전히 잘못된 생각이다. 진정한 행복이란 얼마나 많은 재산을 가지고 있는가가 아니라 마음의 풍요로움에 의해 결정되는 것이다. 예치금이 많다고 행복해지는 것이 아니다. 돈과 땅을 아무리 많이 가지고 있더라도 마음이 가난한 사람은 절대로 행복할 수 없다.

한 유복한 남성은 "당신은 지금까지의 인생에서 무슨 일을 했을 때 가장 행복감을 느꼈는가?"라는 질문에 "가난한 여성의 주택 대출을 대신 떠안았을 때입니다."라고 대답했다. 그는 이 여성을 도와줌으로써 비즈니스에서 느꼈던 그 어떤 기쁨보다도 큰 만족감을 얻은 것이다.

무엇보다도 불행한 것은 잘못된 인생관, 왜곡된 가치관이라는 이름의 감옥 속에 갇혀 살고 있는 사람들이다.

한 기업에서 일하는 남성이 최근 이런 이야기를 해주었다.

"저는 기계공입니다. 그런데 사장은 제가 경영자도, 부자도 아니라는 이유로 저를 마치 인생의 패배자인 양 취급합니다. 사장은 '약간의 머리와 의욕만 있다면 기회의 땅 미국에서는 누구나 한 재산 챙길 수 있다.'고 말합니다. 성공이나 행복에 대한 생각이 사장과 저는 완전히 다릅니다. 사장은 저를 깔보며 모자란 놈이라고 생각합니다. 저는 분명히 사장처럼 화려한 생활도 누리지 못하고 차도 없습니다. 가족들도 사장 가족처럼 화려한 치장을 하지 못하고, 아이들도 격이 높은 친구가 없습니다. 하지만 주변의 평판은 제가 더 좋습니다. 모두 사장을 머리가 뛰어나고 빈틈없는 책략가로 여기며 그 사람의 재산을 대단하게 생각합니다. 그렇다고 해서 사장을 존경하는 것은 아니며 돈 때문에 사람들이 모여들 뿐입니다. 저는 10대 때 사장 밑에서 일하기 시작했습니다. 처음에는 일주일에 3달러의 주급이었지만 결국 회사에서 제일가는 기능공이 됐습니다. 저는 사장보다 훨씬 자신의 일을 자랑스럽게 여기고 있습니다. 일을 깔끔하게 처리했을 때는 화가가 걸작을 완성했을 때와 같은 희열을 느낍니다. 하지만 사장은 자신의 회사를 돈벌이 수단으로밖에 생각하고 있지 않는 것 같습니다."

이 사장처럼 일에 빠져 경쟁과 긴장, 고민과 불안으로 고통 받는 인생을 사는 사람은 진짜로 행복하지도, 윤택하지도 않다. 진, 선, 미를 추구하는 마음을 잃고, 식욕에만 의지하여 살게 된다면 짐승처럼 배부른 기쁨만 느낄 수 있을 뿐 인간에게 걸맞은 행복을 손에 넣을 수는 없다.

인간은 고매한 불변의 이념을 따름으로써 영원한 행복을 손에 넣을 수 있다. 세속적인 부는 잃기 쉬운 것으로 결코 한 곳에 머무르지 않는다. "이념의 승리만큼 마음에 평안을 가져다주는 것도 없다."고 시인 에머슨은 말했고, 미국의 사상가 토머스 페인도 "온건한 기질은 장점이지만 온건한 이념은 결점이다."라고 말했다.

돈에 집착하면 자신의 이념과 간소한 생활을 지킬 수 없게 되어 인생이 복잡해지고 스트레스가 쌓여 긴장의 연속이 된다. 이런 생활은 진정한 안녕과 행복을 가져다주지 않는다.

나는 매사추세츠주의 암즈베리에 있는 한 소박한 집에 몇 번 들른 적이 있다. 토지와 건물의 재산평가는 고작해야 200~300달러에 불과하지만 이 집에 시인 존 그린립 위티아가 살았다는 사실만으로도 이 집은 돈으로 바꿀 수 없을 만큼의 가치를 가지게 됐다. 전 세계 각지의 수많은 사람이 이 집을 찾아와 한때 이곳에 살았던 위대한 시인을 기리기 위해 작은 나뭇가지, 들꽃, 나뭇잎 등을 기념품으로 가지고 돌아간다.

수천 명의 사람이 미국이 낳은 보배 위티아를 숭배하고 있지만 세속적으로 따져보면 그가 세상에 남긴 것은 시밖에 없다. 이와 마찬가지로 고귀한 삶을 촉구하고 진부한 생활과 동떨어진 고차원적 영혼으로 인도할 힌트는 억만장자의 저택이 아니라 오히려 가난한 사람들의 가정에 감춰져 있는 경우가 많다. 멋진 카펫과 장식품, 고급 가구 따위로 장식돼 있을지는 모르지만 갑부의 집에는 정신생활의 양식이 될 만한 것이 하나도 없다. 위티아가 부자였는지,

링컨이 얼마나 많은 재산을 남겼는지 묻는 사람이 과연 있을까? 그런 질문으로 그들의 명성에 먹칠을 하는 사람은 없다. 그런데도 어째서 세상 사람들은 돈으로 행복을 살 수 있다고 생각하는 걸까?

진정한 행복을 돈으로 산 사람은 세상에 없다. 행복에는 가격이 정해져 있지 않으며 부자와 가난한 사람 모두 행복을 손에 넣을 수 있다. 돈만 중시하고, 돈만 있으면 뭐든 할 수 있다고 생각하는 것은 어리석은 생각이다. 틀림없이 돈이 있으면 한동안의 쾌락은 누릴 수 있지만 그것을 위해 돈벌이에 인생을 허비한다면 행복의 의미를 잘못 알고 있는 것이다.

물론 나는 재산과 부를 얻는 것이 잘못이고, 가난이 훌륭한 것이라고 말하려는 것은 아니며, 부자는 모두 비열하다고 말하려는 것도 아니다. 하지만 만약 언제까지나 계속될 행복을 원한다면 마음속에 고매한 목표를 품고 있지 않으면 안 된다. 자신의 장점을 살리고 그것을 타인의 행복을 위해 쓰지 않는다면, 돈으로는 행복해질 수 없다. 타인의 안녕과 행복을 추구하는 자만이 자신도 행복해질 수 있는 것이다. 정신적인 풍요로움, 사리사욕에 빠지지 않는 넓은 마음, 무상의 사랑, 도움의 손길, 타인에 대한 배려심을 가지고 있는 자만이 진정한 풍요로움을 얻을 수 있고, 인생의 진정한 목표를 다하고 있다는 희열을 맛볼 수 있다.

정말로 행복해지기 위해서는 타인을 도와주고 싶다, 타인을 행복하게 해주고 싶다는 강한 욕구를 가슴속에 품지 않으면 안 된다.

무엇을 가지고 있는가가 아니라, 자신이 어떤 사람이 될지를 중요하게 여기고 인생의 모든 일에 대해 가능한 한 즐기고자하는 자세를 취하지 않으면 안 된다. 재산이 있더라도 고매한 목표가 없다면 행복은 당장 사라져버리고 만다. 내면적인 장점을 익히고 그것이 자신의 성장에 없어서는 안 되는 것이라는 점을 의식하지 않으면 언제까지고 진정한 행복을 얻을 수는 없다. 아무리 억만장자가 됐다고 해도 진정한 인생이 가져다주는 기쁨과 만족감은 맛볼 수 없을 것이다.

오늘부터 당장 할 수 있는 일

◆ 인생의 우선순위를 재평가하자. 누군가를 위해 자신을 바치기보다 돈을 버는 것을 우선시하고 있지는 않는가? "일 때문에"라며 가족과 보내기로 한 약속을 깨거나, 가족에 대한 애정표현을 뒤로 미루고 있지는 않는가? 무엇 때문에 결혼하고, 가정을 꾸렸는지 생각해보자.

◆ 당신은 진정으로 자신의 인생을 살고 있는가? 아니면 먹고살기 위해 일할 뿐인가? 만약 후자라면 어떻게 해야 자신을 바꿀 수 있을지 생각해보자.

◆ 당신에게 가장 소중한 이념을 적어보자. 일과 돈을 위해 그 모든 이념을 희생하고 있는 건 아닌가? 어떻게 해야 균형을 되찾아 마음에 품고 있는 이념에 맞는 삶—경제적으로 뿐만이 아니라 정신적으로도 풍요롭고 가치 있는 삶—을 살 수 있을까?

◆ 고급 차와 최첨단 기계를 쉽게 손에 넣을 수 있는 현대 사회에서는 뭐든 최신식을 갖고 싶어 한다. 하지만 실제로는 지금 당신이 가지고 있는 것으로도 충분하다. 최신식 제품을 사는 대신 그 돈으로 아내(혹은 남편)와 아이들과 함께 외식이나 콘서트, 문화생활을 즐기거나 여행을 떠나자.

◆ 수입의 일부를 자선사업에 쓰자. 지역 교향악단과 문화교육, 비영리 라디오 방송, 교회, 사원, 요가 센터나 명상 센터 등의 단체는 기부를 통해 유지되고 있다. 소액이라도 좋으니 이들 단체에 기부해보자. 타인을 위해 나눔으로써 당신 자신도 행복해질 것이다.

소유하지 말고
즐기자

"정원으로 오세요, 내 장미를 보여 드리겠습니다."

— 리처드 B. 쉐리던

나는 작가 워싱턴 어빙으로부터 성(城)을 잃은 프랑스의 후작 이야기를 들은 적이 있다. 이 후작은, 자신에게는 아직 베르사유 궁전의 정원이 있다며 스스로를 위로했다고 한다. "베르사유를 걸으며 내가 이 땅의 주인이라고 생각하면 순식간에 정원은 내 것이 된다. 왁자지껄한 관광객은 결국 내 손님들이다. 게다가 여기서는 그들을 대접하지 않아도 된다. 파리 거리 전체가 내게는 끝없이 재미있는 광경이 펼쳐진 극장과 같다. 어딜 가더라도 나를 위한 테이블이 놓여져 있고, 휘파람만 불면 웨이터가 뛰어온다. 게다가 이 사람들은 돈을 내고 가게를 떠나기만 하면 더 이상 신경 쓰지 않아도 된다. 성이 있을 때처럼 하인들이 물건을 몰래 훔치지 않나 살필 필요가 없다. 분명히 성을 잃기는 했지만 지금의 즐거움과 비교한다면 나는 정말 운이 좋다고 생각한다."

손에 닿는 모든 것에서 아름다움을 발견할 수 있는 능력이 있다면 사람은 행복이라는 진정한 재산을 손에 넣을 수 있다. 아무리 다른 사람의 소유물일지라도 눈에 띄는 모든 것을 사랑하고 마음을 풍요롭게 하면 된다. 유복한 사람이 소유하고 있는 아름다운 정원을 자신의 정원처럼 즐기면 그만이다. 그 정원의 주인이 누구든 간에 정원풍경의 아름다움—개울과 목초지, 계곡의 경사, 작은 새들의 지저귐과 석양 등—을 덮어버려서는 안 된다. 자연의 아름다움은 그것을 눈으로 접하고 그 아름다움을 맛볼 수 있는 모든 사람들에게 평등하게 주어진 재산이다.

당신은 자신의 인생이 얼마나 즐거운지 생각해본 적이 있는가? "내게는 땅도 없고 집도 없다. 이렇게 초라한 집에 살고 있을 뿐이다."라고 생각해서는 안 된다. 그리고 자신을 불쌍하다고 여김으로써 당신은 많은 기쁨을 쫓아버리고 있는 것이다. 물건을 갖고 있지 않더라도 그 가치와 아름다움을 맛볼 수는 있다. 그럼에도 불구하고 자신에게 없는 것, 자신에게는 살 수 없는 것을 가지고 있다고 해서 타인을 증오하는 것은 얼마나 어리석은 일인가? 자신의 재산이 아닌 것을 즐기는 법을 익히자. 하늘을 나는 새들은 그 땅이 누구의 것인지 신경 쓰지 않고 열심히 둥지를 튼다.

스티븐슨은 어느 날, 자신이 가지고 있는 모든 그림과 가구를 원수의 결혼 선물로 보냈다. 그리고 친구에게 이런 편지를 보냈다. "나는 드디어 자유의 몸이 됐다. 원래 사람은 언제 잃을지 모르는 재산을 가져서는 안 된다. 그림을 보고 싶으면 미술관에 가면 그만이다. 내가 언제든 찾아갈 수 있도록 미술관에서 철저하게 그림을 관리하고 있기 때문이다."

어째서 우리는 필사적으로 이 넓은 세상에서 한 조각 땅덩어리, 약간의 재산을 소유하려 하는 것일까? 인생을 즐기려는 마음만 있다면 이 세상은 이미 당신의 것이다. 그런데 왜 호화저택을 소유하고 있는 사람을 증오하는 것일까? 그들은 그 장소를 열심히 관리하고 있는 관리인에 불과하다. 당신은 교통비만 내면 언제나 가고 싶을 때 찾아가 그 아름다움을 맘껏 즐길 수 있다. 자산관리에 신경을 쓰거나 고민할 필요가 없다.

우리는 푸른 초지, 숲, 저택에 세워진 조각품, 미술관의 그림 등을 보고 싶을 때면 언제라도 볼 수가 있다. 이 모든 것을 자신의 집으로 가져가면 지금처럼 충분히 관리하지도 못할 것이며 귀중한 시간과 재산을 관리를 위해 소비해야 하고, 도난당하지 않을까 항상 걱정을 하게 될 것이다. 그렇게 하지 않아도 이 세상의 재산은 이미 모든 것이 우리의 손아귀에 들어와 있는 것이다. 게다가 자신은 전혀 힘들이지 않고 그것들을 충분히 즐길 수 있다.

노예 해방론자였던 헨리 워드 비처 목사는 크리스마스 전에 거리에 나가 특별히 살 게 없지만 쇼윈도를 구경하는 걸 좋아했다고 한다. 또한 멋진 저택을 구경하는 것도 좋아했는데 그게 누구의 땅이든 전혀 개의치 않고 훌륭한 건축과 조각상을 마음속 깊이 즐겼다고 한다.

"기쁨은 부자들의 특권이 아니다. 사람은 누구나 꽃과 수목의 아름다움을 느끼고, 냇물이 흐르는 이치를 깨닫고, 바위에서 교훈을 발견하고, 모든 사물에서 선을 발견할 수 있다."라고 로마의 시인 호라티우스는 말했다. 그런데 어째서 인생을 풍요롭게 하는 수많은 것들을 발견하는 사람과 아무것도 발견하지 못하는 사람이 있는 걸까? 그것은 한마디로 감수성의 문제이다. 세상에는 미적 감각이 떨어져 더 없이 아름답고 가슴이 뛰게 하는 풍경 속을 아무것도 느끼지 못한 채 지나쳐버리는 사람도 있다. 그런 사람들은 감동을 하지 못하고, 다른 사람들이 황홀함을 느끼는 것에서도 아무런 심적 감동을 받지 못한다. 어떤 작가는 이런 말을 했다. "기쁨은 항상 우리 마음속에 들어오려고 새처럼 날아다니며 입구를 찾고 있다. 하지만 사람이 마음의 문을 닫아버리면 지붕 위에 앉아 한동안 지저귀다 그냥 날아가버리고 만다."

무소유의 즐거움을 깨닫고 타인을 시샘하지 말자. 그러면 틀림없이 당신도 행복해질 수 있을 것이다.

◆ 자신이 소유한 것이 아니라 할지라도 그 아름다움을 즐길 수 있다. 고급주택지까지 차를 달려 건물과 정원, 나무들, 화단의 아름다움을 맛보자. 억척스럽게 열심히 일하지 않더라도 당신은 호화 저택의 주인과 마찬가지로 그 아름다움을 충분히 즐길 수 있다. 게다가 유지비와 세금 따위를 내지 않아도 된다. 충분히 즐겼으면 집으로 돌아와 당신을 위해 훌륭한 저택을 짓고 관리하고 있는 사람들에게 감사하자.

◆ 타인이 가지고 있는 재산을 부러워하지 말자. 누구나 세상의 성과 저택, 산과 바닷가 등 모든 장소의 별장을 소유할 수는 없다. 누군가가 별장을 샀다면 또 하나 아름다운 장소가 늘어난 것을 기뻐하고 그 사람에게 감사하라. 별장을 가지고 있지 않더라도 그 아름다움은 언제나 당신의 것이다.

◆ 풀이 죽어 자기 자신이 싫어졌을 때는 가까운 공원의 연못가에 앉아 오리에게 먹이를 주자. 혹은 그냥 공원을 거닐기만 해도 좋다. 당신에게 안식을 주기 위해 누군가가 이 공원을 만들고 관리하고 있다. 그렇게 생각하면 부정적인 생각이 날아가 버릴 것이다.

◆ 미술관과 화랑에 가보자. 화랑에 가서 일부러 뭔가를 살 필요는 없다. "그냥 구경하는 거예요."라고 한마디만 하면 된다. 예술품을 감상하며 누군가가 당신의 감성을 자극하려고 그 작품을 만든 것이라고 생각하자. 그것이 굳이 당신의 것이 아니더라도 당신은 그림을 마음껏 즐길 수 있다. 화가도 그림의 주인만 감상하라고 작품을 만들지는 않는다. 아름다움은 그것을 소유한 사람이 아니라 '보는 사람의 눈과 마음'에 있는 것이다.

행복의 조건 2

작은 선행을
쌓자

└┌

"받는 것보다 주는 것이 행복하다."

— 신약성서 '사도행전' 제20장 35절

　프랑스 낭만주의를 대표하는 화가 외젠 들라크루와가 어느 날
대저택의 주인 제임스 로스차일드와 식사를 했다. 들라크루와는
그 자리에서 지금 거지가 등장하는 그림을 그리고 있는 중인데 모
델을 찾지 못해 고생하고 있다고 했다. 이렇게 말하면서 고개를 들
었는데 로스차일드의 얼굴이 눈에 들어왔다. 들라크루와는 문득
로스차일드를 모델로 하면 어떨까 하는 생각이 들었다. 로스차일
드는 예술을 한없이 사랑하는 사람이었기에 흔쾌히 승낙했다. 다
음 날, 들라크루와는 자신의 작업실에서 낡은 천을 씌우고, 지팡이
를 들게 하여 고대 로마풍의 계단에 그를 앉혔다. 들라크루와가 잠
시 자리를 비운 사이 한 명의 제자가 작업실을 지나게 됐다. 그 제
자는 진짜 거지가 모델을 서고 있다고 생각하고 로스차일드의 손

에 살면서 돈을 쥐어줬다. 부자는 인사를 하고 그 돈을 주머니에 넣었고 제자는 작업실에서 나갔다. 로스차일드가 나중에 들라크루와에게 그 제자에 대해 묻자 그는 재능이 매우 뛰어나지만 가난으로 고생을 하고 있다고 했다. 얼마 후 그 제자 앞으로 금전적 지원을 해주겠다는 편지가 도착했다. 거지에게 한 작은 배려가 로스차일드로부터의 1만 프랑의 지원이 되어 돌아온 것이다.

아무리 가난하다 하더라도 타인을 위해 할 수 있는 일이 틀림없이 있다. 기쁨을 모든 사람과 함께 나누는 것은 진정으로 숭고한 일이며 자선만큼 사람을 아름답게 하는 행위도 없다. 쓸쓸한 인생을 보내고 있는 사람들의 마음에 성실과 신뢰라는 아름다운 그림을 걸기 위해 열심히 노력하는 사람들이, 기억의 저편으로 지워지는 일은 절대 없을 것이다. 돈을 좋은 일에 쓰면 그 사람의 인생도 밝아진다.

영국의 평론가 존 러스킨은 100만 파운드의 유산을 상속받았다. 한 잡지에 의하면 "그는 이 돈을 선행에 쓰기 시작했다. 가난한 젊은이들이 교육을 받을 수 있게 지원하고, 노동자를 위해 주택을 지었다. 런던 교외의 황무지 개척도 진행했다."고 한다. 그리고 가난한 예술가를 적극적으로 지원하기도 하고 젊은이들이 예술과 친해질 수 있도록 힘을 기울이기도 했다. 영국의 유명한 화가 홀먼 헌트의 수채화 10장을 사서 런던의 학교 이곳저곳에 기부하기도 했다고 한다. 이렇게 1877년까지 러스킨은 유산의 4분의 3을 써버리고, 자신의 책으로 벌어들인 수입도 다 써버렸다. 하지만 여전히 가난한 자들을 위해, 노동자들의 교육을 위해, 그들의 인생을 향상시키기겠다는 의지를 굽히지 않고 러스킨은 연간 1500파운드의 생활비를 줄였으며, 전 재산을 자선에 쏟아 부었다.

기분이 좋지 않을 때는 세계지도와 인구통계를 천천히 바라보자. 이 세상에는 당신과 운명을 바꾸고 싶어 하는 사람이 얼마든지 있다. 가능한한 많은 사람을 위해 뭔가 할 수 있는 일이 없는지 생각해보자. 그러면 우울함이 확 날아가 버릴 것이다.

인생을 가장 유익하게 살고 있는 것은 타인을 위해 전력을 다하고 있는 사람들이다. 프랑스의 투르에 있는 한 여수도회 수녀님들은 하룻밤 재워주길 청하는 할머니를 위해 한 장밖에 없던 시트를 가위로 잘라 나누어줬다고 한다. 또한 미국의 한 목사는 제1차 세계대전 중 오래 전부터 예약해 두었던 휴양지의 스위트룸을 부상을 당해 막 귀국한 부상병에게 양보하고 자신은 가장 초라한 방에 머물렀다고 한다.

작은 친절이 수많은 사람의 인생을 밝고 행복하게 해주지만 스스로 희생을 하고자 하는 사람은 너무 적다. 인생에서 무엇보다 훌륭한 것은 만나는 모든 사람에게 작은 선행을 베푸는 것이다. 배려와 부드러운 시선, 양보…… 이런 사소한 것이라도 상관없다. 그럼에도 불구하고 우리는 자신의 가족을 위해, 지금 이 자리에 없는 누군가를 위해, 혹은 먼 미래를 위해 부드러운 말과 미소, 배려의 마음을 보관해 두려고 한다. 이것은 인생에서 가장 큰 실수 중 하나다. 한 프랑스인이 이런 말을 남겼다. "말 한두 마디로 사람을 행복하게 해줄 수 있다면, 그 한마디를 하지 않는 사람은 비인간적인 사람이다. 선행이란 자신의 촛불로 타인의 촛불에 불을 붙여주는 것과 같은 것으로 타인에게 행복을 전해준다고 해서 빛이 사라지는 것은 아니다." 그리고 영국의 성직자 시드니 스미스는 매일 적어도 한 사람을 행복하게 해주자는 제안을 했다. "이것을 10년 동안 계속 한다면 3,650명의 사람이 행복해집니다. 당신이 기쁨을 안겨줌으로써 작은 마을 하나에 해당하는 사람들이 밝은 기분을 느낄 수 있습니다."

옛날 어느 나라에 아들을 너무나도 사랑하던 왕이 있었다. 그는 아들에게 승마용 조랑말을 주고, 아름다운 방에 머물게 했고, 수많은 책과 완구를 사주었고, 스승과 친구를 마련해주었다. 이렇게 돈으로 살 수 있는 모든 것, 생각나는 모든 것을 사주었지만 어째서인지 왕자는 행복해하지 않았고 어딜 가더라도 화난 표정으로 언제나 자신에게 없는 것을 원했다. 그래서 결국은 궁전에 마법사를 부르게 됐다. 마법사는 왕자를 보자마자 이렇게 말했다.

"폐하, 제가 왕자님을 행복하게 해드리겠습니다. 저 험한 표정을 미소로 바꿔보겠습니다. 하지만 그 대신에 그만한 사례를 받겠습니다."

"알았다. 네가 원하는 건 뭐든지 들어주마."라고 왕이 대답했다. 마법사는 왕자를 다른 방으로 데리고 가 종이에 하얀 것으로 무엇인가를 써서 건네주었다. 그리고 왕자에게 촛불을 건네주고 종이를 촛불에 가까이 대보라고 말하고는 어디론가 사라져버렸다. 왕자가 시키는 대로 하자 선명하고 푸른 글자가 떠올랐다. 거기에 이렇게 적혀 있었다. "매일 누군가를 배려하자." 마법사의 충고에 따른 왕자는 그 나라에서 누구보다도 행복한 소년이 되었다고 한다.

친절한 행위, 작의 예의, 배려, 도움, 이타심, 남에게 상처를 주지 않게 주의하는 것, 사람의 단점에 관대함, 넘치는 인정, 이런 사소한 일들을 쌓는 것이 하루를 행복하게 보내기 위한 비결이다. 큰 선행을 1년에 한 번 하기보다 매일 작은 선행을 쌓아가자. 왜냐하면 우리의 생활은 대부분이 사소한 것들로 급박한 사태는 그리 쉽게 일어나지 않기 때문이다.

"자신도 모르는 사이에 주변 사람들을 행복하게 해주고 있다면 얼마나 멋진 재능인가?"라고 비처 목사는 적고 있다. "장미와 카네이션은 나를 행복하게 해 준다. 하지만 정작 꽃 자신은 보는 사람의 기분은 전혀 모른 채 꽃병 속에서 서로 얼굴을 맞대고 있다. 이와 마찬가지로 밝고 포용심이 깊은 마음을 가진 사람은 무의식중에 타인을 구하고, 격려하고, 그 마음을 위로하고 있는 것이다. 누구에게나 기쁨을 전해주는 이런 사람들에게 행복이 가득하길!"

하지만 얼마나 많은 사람들이 타인을 행복하게 해주는 이런 재능을 아끼고 있는가? 안타깝게도 수많은 사람이 먼 미래의 목표에만 사로잡혀 있다. 우리는 인생의 여로에서 타인을 도울 수많은 기회, 평범한 생활을 밝고 아름다운 것으로 바꿀 무수한 기회를 만나고 있지만 거기에는 눈길도 주지 않고 있다. 어째서 우리는 항상 내일 선행을 하자고 생각하는가? 내일이 되면 뭔가 멋진 마법이 이루어져 오늘 하지 못했던 일을 할 수 있게 되기라도 하는 걸까? 집에서 쓰지 않는 물건들—옷이나 책 등, 당신에게는 더 이상 필요 없지만 가난한 사람에게는 가치가 있는 것—을 상자에 담아 필요한 사람에게 주자. 단지 그것뿐인데 어째서 다음 주나 다음 달로 미루는 걸까? 창고를 뒤져보자. 입지 않는 옷과 읽지 않는 책이 없을까? 언젠가 필요할지도 모른다며 그대로 보관해두지만 말고 직장을 잃은 사람, 아이가 많은 가족, 고학을 하는 소년소녀들에게 양보하자. 주면 줄수록 당신이 얻을 수 있는 행복도 커진다. 지금 없어도 곤란을 겪지 않는 것은 다른 사람에게 주자. 줌으로써 마음이 평온해져 이전보다 더 넓은 아량을 갖게 될 것이다.

전에 한 여성이 고생을 하면서 음악을 배웠다는 이야기를 들려주었다. 집이 가난해서 오랫동안 악기를 사거나 빌릴 수도 없었지만 종이에 건반을 그려 매일 몇 시간씩 피아노 연습을 했다. 그러던 어느 날, 그녀는 한 유복한 집에 저녁식사 초대를 받았다. 식사가 끝나자 주인이 집 안을 안내해주었고 마지막으로 다락방에 올라갔다. "그런데 그곳에 낡은 피아노가 놓여 있었어요. 저는 그 피아노를 얻기 위해서라면 무슨 일이든 했을 겁니다. 그 피아노로 연습할 수 있다면 아무리 먼 길이라도 매일 오겠다고 생각했습니다. 호사스런 저녁식사와 사치스러운 식기들이 하찮게 여겨졌으며 다락방에 잠들어 있는 피아노로 머릿속이 가득 차 있었습니다. 그 피아노는 제게 있어 천국으로 들어가는 문이었습니다. 하지만 제게는 그걸 쓸 수 있게 해달라고 말할 용기가 없었습니다."

다른 예를 들어보자. 할머니가 혼자 열차로 미국 서부를 여행하고 있었다. 할머니는 열차가 달리기 시작하자 가방에서 작은 병을 꺼내 창밖으로 소금 같은 걸 뿌리고 있었다. 옆에서 그 모습을 지켜보던 승객이 할머니에게 뭘 하는 건지 물었다. 그러자 할머니는 이렇게 대답했다. "이건 꽃씨예요. 나는 오랫동안 여행을 할 때마다 꽃씨를 뿌리고 있어요. 특히 사막과 황무지를 달리고 있을 때는 꼭 뿌리죠. 보세요, 저기 예쁜 꽃이 피어 있잖아요. 저건 몇 년 전에 내가 여기를 지날 때 뿌린 거예요."

타인에게 뭔가를 나눠주면 그것은 두 배, 세 배가 돼 돌아온다. 이만큼 효율적인 투자도 없다. 자신의 일만 생각하면 자신을 망치게 된다. 전혀 사람들을 돕지 않고 누군가 도움을 청해와도 지갑을 꼭 닫은 채 "나는 나 혼자만으로도 벅차다."고 말하는 사람. 주변 사람에 대한 배려가 부족하고 자신의 재산에만 얽매여 받기만하고 자신은 아무것도 베풀지 않는 사람. 그런 사람은 결국에 가서는 쌓아둔 모든 것을 잃게 된다. 그들은 냉정하고 배려심이 없기에 인간으로서의 고귀한 감정을 체험할 수가 없다. 너무 도량이 좁고 구두쇠라 무언가 잃는 것을 두려워해 부드러운 말이나 미소조차 나눌 수 없다. 이런 사람들은 주변에 명랑함과 행복을 가져다주지 못하고 그 결과 자신 역시 아무것도 얻을 수 없게 된다.

"아름다운 꽃봉오리를 꼭 닫고 있어야지."라고 건방진 장미가 말했다. "달콤한 향기와 태양과 이슬의 향기로움은 나를 위해 가둬두겠어. 사람들과 나누는 건 너무 아까워." 하지만 아름다움을 혼자 독차지하려던 장미는 말라 비틀어져버렸다. 반면에 마음이 너그러운 장미는 "이 아름다움을 모두에게 보여주자."고 생각했다. "지나가는 사람들에게 나의 아름다움과 달콤한 향기를 선물하자." 그러자 본 적이 없을 정도로 향기롭고 아름다운 꽃이 폈다. 별로 향기가 없는 꽃이었지만 가지고 있는 모든 것을 세상을 위해 보여주기로 결심한 순간 햇빛과 대기, 토양 등의 불가사의한 작용으로 인해 더없이 향기로운 향기가 흘러나오게 된 것이다.

선행을 하면서 매일 누군가를 돕고, 어디를 가든(신문팔이 소년과 레스토랑의 웨이터, 버스 운전수, 직장의 청소부, 공원에서 만난 사람 등에게) 작은 격려의 말 한마디를 함으로써 당신의 인생은 풍요롭고 고귀한 것으로 바뀌어 이 장미처럼 인격이 아름답게 꽃피게 될 것이다. 이런 선행의 기회는 당신이 가는 모든 곳에 널려 있다. 격려와 동정을 바라는 사람, 고뇌에 빠져 있는 사람, 기운을 되찾고 싶어 하는 사람은 어딜 가나 있다. 그저 모르는 사람이 살며시 미소만 지어줘도 그들은 마음이 가벼워질 것이다. 힘이 되고 싶다는 마음을 표하고 상대의 손을 꼭 잡아주는 것만으로도 낙담하고 있던 사람은 용기와 희망을 되찾을 수 있다. 부드러운 편지나 단 한마디의 격려가 절망에 빠져 있는 사람의 인생을 바꿀 수 있다. 예를 들어 작은 소녀가 용돈을 다 털어 편지지와 우표를 사서 크리스마스에 "할머니, 사랑해요."라는 편지를 썼다고 치자. 할머니는 이 말 한마디가 그 어떤 선물보다 기쁠 것이다. 부드러운 말은 인생의 작은 변화를 일으킨다. 배려의 한마디를 아끼지 말고 하자. 나누면 나눌

수록 당신 자신의 마음이 풍요로워진다. 자신의 행복 이외의 무엇인가로 마음을 향하는 자만이 행복해질 수 있다. 당신이 가지고 있는 것을 남을 위해 나눠주고, 그와 더불어 당신 자신에게도 나눠주자. "가는 곳마다 꽃씨를 뿌리자. 똑같은 길을 다시 지나는 일은 없을 테니까."

오늘부터 당장 할 수 있는 일

◆ 쓰지 않는 것은 없는지 집 안을 살펴보자. 언젠가 필요할 것이라고 생각했지만 결국 쓰지 않은 것이 있다면 상자에 넣어 자선단체에 기부하자.

◆ 기부를 바라는 편지가 우체통에 들어 있다면 버리기 전에 한 번 자세히 읽어보자. 빈민구제, 환경보호 등 당신이 공감할 수 있는 활동이 없을까? 기부한 것이 올바로 쓰이고 있는지 걱정된다면 그 단체에 대해 자세히 조사해보자. 미심쩍다면 다른 단체를 찾아보면 그만이다. 안심하고 기부할 수 있는 단체를 찾을 때까지 끈기를 갖고 조사하자.

◆ 돈이나 물건 이외에도 타인에게 나누어줄 수 있는 건 많다. 자선단체와 양로원, 구치소 등에서 봉사활동을 하자. 장애자를 위한 스포츠 대회의 운영을 돕자, 비행청소년의 지도를 하자.

◆ 멀리 있는 다른 사람에게 마음을 빼앗겨 가족에 대한 배려를 잊어서는 안 된다. 남편(혹은 아내)의 직장에 전화를 걸어 점심식사를 함께 하자고 하자. 아이와 함께 식사를 하고, 스케줄을 조정해서 학예회, 오케스트라 연주회, 스포츠 대회 등 아이들의 행사에 가자.

무엇과도 바꿀 수 없는 우정

"우정은 날개가 없는 사랑이다."

—프랑스 격언

사람들이 자신의 인생에 실망하는 원인 중 하나는 그들이 우정을 쌓지 않았다는 데 있다. 대부분의 사람이 우정은 하찮은 것이며 많은 노력을 들여가며 쌓을 만한 가치가 없는 것이라 생각하고 있는 듯하다. 그러면 인생이 황폐해지고 가난하게 느껴는 것이다.

정말 친한 친구가 있다면 마음속 비밀을 털어 놓을 수도 있다. 이 세상에 헌신적인 우정만큼 존엄한 것은 없다. 그럼에도 불구하고 우리는 우정을 지키고 키우는 데 노력을 게을리하고 그 가치를 낮게 평가하고 있다.

친구가 적다고 한탄하는 사람들은 그들 자신은 아무것도 주지 않고 너무 많은 것을 바라고 있기 때문이다. 자기 자신이 매력적이고 사랑스런 인간이 된다면 주변에 자연스럽게 친구들이 모여들게 될 것이다. 하지만 많은 사람이 우정보다는 다른 것을 우선시하여 그것에 모든 시간과 정력을 쏟아 붓고 남는 시간을 친구와 함께 보낸다. 친구라는 것이 그 정도의 가치밖에 없는 것일까?

자신을 믿어주는 친구의 존재는 언제나 마음의 위로가 된다. 다른 사람에게 어떤 오해를 받고 비난을 받더라도 자신을 마음속 깊이 믿어주는 친구가 있다는 사실을 생각하면 기운이 솟아 최대한의 능력을 발휘할 수 있게 된다. 로마의 정치가 키케로의 말처럼 "인생에서 우정을 앗아가 버리는 것은 이 세상에서 태양을 빼앗아 가는 것과 마찬가지다. 불멸의 신이라도 우정보다 나은 것, 우정보다 기쁜 것을 손에 넣을 수는 없다." 언제나 당신을 걱정하고 어떤 상황에서도 당신을 배려하고 지지하고 당신이 없는 자리에서도 당신을 변호해주고, 당신의 약점을 덮어주는 친구. 중상모략으로 당신에게 상처를 주는 거짓말을 못하게 하고, 당신에 대한 편견과 첫인상을 좋게 하기 위해 노력하고, 항상 당신이 당당할 수 있게 도와주는 친구. 이런 마음의 유대감이 통하는 친구만큼 가치 있는 것은 없다. 친구가 없다면 우리는 얼마나 쓸쓸한 존재일까? 주변 모든 사람에게 비난을 받고 있을 때도 당신을 믿으며, 무엇을 가지고 있는지가 아니라 당신 그 자체만으로 사랑해주는 친구. 당신을 인정하고 자신감을 불어넣어주고 열등감을 느끼게 하거나 약점을 의식하게 하지 않고 항상 당신을 격려해주는 친구. 그런 친구가 없다면 이 세상은 차갑고 무정한 곳이 될 것이다.

자기 자신을 믿지 못하게 돼 자존심과 자제심, 본래의 개성을 잃게 됐을 때도 여전히 우정을 지켜주는 친구는 그 무엇과도 바꿀 수 없는 존재이다. 실제로 그런 친구는 당신이 자신을 싫어할 때에도 당신 곁에 함께 있어줄 것이다. 내가 아는 어떤 사람은 알코올 중독으로 가족들에게조차 버림받은 남자를 친구로서 끝없이 도와주었다. 그는 부모와 처자식에게 버림받은 이 남자를 어디까지나 충실한 친구로서 대해주었다. 매일 밤 방황하는 남자의 뒤를 쫓아다니며 술에 취해 동사 직전까지 간 친구를 몇 번이고 구해주었다. 남자가 경찰에 끌려가지 않도록 슬럼가를 다 뒤져 데리고 나왔고, 겨울 한파 속에서 그를 지켜주었다. 이런 헌신적인 우정 덕분에 남자는 결국 정신을 차리고 정상적인 생활로 돌아올 수 있게 되었다. 이처럼 우정에는 돈으로는 바꿀 수 없는 가치가 있다.

사업을 시작할 때도 무엇보다 중요한 자본이 되는 것은 많은 친구들의 존재다. 성공을 거둔 사람들의 대다수가 "친구의 격려가 없었다면 자신은 그 난국을 이겨내지 못하고 포기했을 것이다."라고 했다.

반대로 돈벌이에만 집착해 우정을 잃는 것은 무엇보다도 슬픈 일이다. 어마어마한 재산을 가지고 있으면서도 친구가 한 명도 없다는 것은 너무나도 가슴 아픈 일이다. 우정이라는, 인생에서 가장 소중한 것을 희생하고 손에 넣은 성공에 과연 얼마만한 가치가 있을까? 물론 재산을 축적하는 과정에서 만난 사람은 수도 없이 많을 테지만 그들은 진정한 친구가 아니다. 그 증거로 그런 사람들은 우리가 잘나가고 그들에게 금전적 원조를 해주는 동안에는 친구인 척 다가오지만 상황이 나빠지면 순식간에 떠나버리고 만다.

셰익스피어는 진정한 친구를 발견하는 방법에 대해서 이렇게 이야기했다.

진정한 친구는 역경에 처했을 때 당신을 지켜준다.
당신이 비탄에 빠지면 그도 눈물을 흘려주고,
당신이 잠을 이루지 못하면 그도 잠들지 못하고,
당신 가슴속의 슬픔을 함께 떠안아 준다.
이것이 진정한 친구와 아첨꾼을 구별할 수 있는 가장 좋은 척도다.

우정이란 이름의 씨앗을 뿌리면 그것이 친구라는 수확이 되어 돌아온다. 씨앗이 적으면 수확도 적다. 상대에 대한 관심과 공감, 존경과 도움, 사랑이라는 씨앗을 많이 뿌린 사람은 우정을 얻게 된다. 이런 씨앗을 뿌리면 더 많은 수확을 거둘 수 있지만 남에게 받기만 하고 자신은 아무것도 나누지 않는다면 친구도 생기지 않을 것이고 진정한 풍요로움을 깨닫지 못할 것이다.

진정한 우정은 때론 힘겹기도 하다. 진정한 우정의 뿌리는 성실함이며 거짓과 속임수 따위는 허락되지 않는다. 진실을 이야기하다 우정에 금이 갈까, 도의를 논하다 상대에게 상처를 입힐까 두려워한다면 공정하고 참된 우정이라고 할 수 없다. 당신이 잘못된 길로 들어섰을 때 서슴지 않고 잘못을 지적해주고, 당신이 자포자기 상태에 처했을 때 인내를 말해주고, 당신이 자신을 믿지 못하게 됐을 때 믿어주고……. 그런 친구와 강한 우정의 고리를 맺고, 사랑하는 그 친구와의 깊은 인연을 맺는 것은 진정한 행복을 손에 넣는 데 있어서 너무나도 중요한 일이다. 실제로 한 친구와의 우정 덕분에 고결한 인간으로 다시 태어난 사람이 얼마나 많은가?

"행복으로의 길은 우정 속에 있다."고 시인 엘라 휠러 윌콕스는 말했다. "나는 줄곧 그렇게 믿어왔다. 분명 때로는 불성실한 친구와 이름뿐인 우정을 접할 때도 있을 것이다. 그럴 때는 우정의 감미로움보다 쓴맛을 경험하게 되어 혼자 있는 게 훨씬 낫다고 생각하게 될지도 모른다. 하지만 나는, 그럼에도 불구하고 신념을 버리지 않고 수많은 우정을 쌓아왔다. 망가진 우정 때문에 마음에 상처를 받기도 했지만 덕분에 내 가슴에는 위대한 한가지 진실이 자리잡게 되었다. 그리고 그 진실은 내 마음속에 있다. 그것은 진정한 친구가 되는 것, 참된 우정에 어울리는 인간이 됨으로써 사람은 언제까지나 이어지는 참된 행복으로의 길을 발견할 수 있다는 사실이다."

◆ 멀리 있는 친구에게 전화를 걸거나, 편지를 써보자. 당신을 만나지 못해 힘들고 쓸쓸해 하는 사람이 있을 것이다. 우정은 만병을 치유하는 향유와도 같은 것이다. 친구의 따뜻한 배려에는 절망의 그림자를 물리치고 희망의 빛을 불러들여 인생이라는 건물에 다시 따뜻한 웃음이 가득 넘치게 하는 힘이 있다.

◆ 부끄러워하지 말고 친구에게 좋아한다는 마음을 전하자. 상대의 어떤 점을 존경하는지 말로 표현해보자. 언제라도 연락이 가능한데 오랫동안 방치해둬서 친구를 외롭게 해서는 안 된다.

◆ 자신의 생일에 친구에게 감사의 마음을 써보자. 생일에 친구로부터 선물이나 카드를 받았다면 다음 해 생일에는 자신이 먼저 친구에게 카드를 보내자. 그리고 그 사람과 만날 수 있어 기쁘게 생각한다는 점, 그 친구를 만난 덕분에 자신의 인생이 특별한 것이 됐다는 점을 전하자.

◆ 친구를 식사에 초대하자. 그 사람이 당신의 친구로 남아 준 것, 단지 그 사실만을 축하하기 위해 함께 식사를 하자.

일하는 기쁨

"일에 대한 만족감은 우리에게 건강과 충족감, 번영을 가져다준다."

세상에는 일에서 해방되고 싶어 하는 사람이 많지만 시대를 막론하고 누구보다도 행복한 사람은 언제나 바쁘게 일하는 사람들이다. 하지만 건강과 행복을 손에 넣을 수 있는지는 그 사람이 억지로 일을 하는지, 즐겁게 일하는지에 따라 크게 달라진다. 일은 고행이 아니라 생활에 활기를 불어넣어주는 것이 아니면 안 된다. 인생은 고투가 아니라 기쁨이 아니면 안 된다.

저널리스트 찰스 A. 더너는 일을 좋아하기로 유명한데 나이가들어 병으로 쓰러질 때까지 매일 하루도 빠지지 않고 사무실에 출근했다. 그는 어느 날 "더너 씨, 어떻게 해야 이 지옥과도 같은 고행을 버틸 수 있겠습니까?"라는 질문에 이렇게 대답했다. "고행이라고? 그런 말도 안 되는 소리가 어디 있나? 나는 그저 일하는 것을 즐길 뿐이야."

언어학자이자 정치가였던 빌헬름 폰 훔볼트는 다음과 같은 말을 남겼다. "자신이 행복한지 불행한지 고민하지 말고 자신의 책임을 충실하게 이행하는 데 전념한다면 행복은 저절로 찾아올 것이다. 자신의 행복 이외의 목표를 향해 굳은 결의로 매진하는 자만이 행복해질 수 있다." 우리는 매일 열심히 일하며 그로 인해 행복해질 수 있을지 생각하지 말고 그저 묵묵히 일하는 순간순간을 즐겨야 한다. 실제로 하나의 일을 해내 아무 결점도 없는 작품을 완성시켰을 때는 말로 표현할 수 없을 정도의 희열을 느끼며 스스로를 칭찬하고 싶어진다. 일을 해냈을 때의 성취감만큼 우리에게 마음의 충족감을 느끼게 해주는 것도 없다.

일은 우리에게 있어 그 무엇보다도 큰 기쁨이어야 한다. 일하지 않는 자는 시들고 쓸모없어지는 것이 자연의 법칙이기 때문이다. 인간의 뇌도 엔진과 마찬가지로 쓰지 않으면 고장이 나고 만다. 세상에서 가장 불행한 인간은 일이 없는 인간이다. 매일 열심히 일하는 기쁨은 그 어떤 재산과도 바꿀 수 없다.

"우리는 일하지 않으면 안 된다. 그것은 불을 보듯 훤한 이치다. 불평을 하면서 일할 수도 있고, 즐겁게 일할 수도 있다. 어떤 일을 할지 스스로 선택할 수 없는 경우도 있지만 무슨 일이든 간에 적어도 밝고 긍정적인 마음을 가지고 일할 수는 있다. 이 세상에 정열을 쏟을 수 없을 만큼 저속한 일은 없다. 자신의 손으로 생명을 불어넣을 수 없을 만큼 재미없는 일은 없는 것이다."

만약 당신이 경영자라면 종업원들이 밝은 기분으로 일할 수 있게 하는 것이 그 어떤 투자보다 훌륭한 투자라는 사실을 기억해 두는 것이 좋다. 종업원을 꾸짖고, 비난하고, 함부로 대하며 노예처럼 부리는 경영방식은 언제나 실패로 끝나버리고 만다. 그런 환경에서는 아무리 낙관적인 종업원도 희망을 잃고 정열과 의욕을 상실해버려 일하는 것이 즐거움이 아니라 시간 때우기의 고역이 되어버린다. 곧바로 타인의 실패를 질타하는 등 넓은 아량으로 대상을 바라보지 못하는 경영자, 칭찬해야 할 상황에서는 종업원의 업무 태도를 평가하지 않는 경영자는 자신의 장점을 살리지 못하며, 종업원의 능력도 제대로 끌어내지 못한다.

경영자라면 자신의 인생에는 고통스럽고 단조로운 일뿐이라는 모습을 직장에서 보여서는 안 된다. 일에 휘둘리지 말고 모든 상황을 확실히 파악하자. 작은 트러블로 마음의 평안을 해쳐서는 안 된다. 작은 일에 신경을 쓰지 말고 인격과 쾌활함을 무기로 넓은 시야를 가지고 사업을 총괄하는 것이다.

더 나아가 종업원들의 생활을 가능한한 즐겁고 밝게 해주는 것이 당신의 역할이다. 예를 들어 말을 채찍과 박차로 끝없이 종용만 한다면 금방 피로에 지쳐 움직일 수 없게 되지만 부드럽게 재촉을 하면 멀리까지 달릴 수 있게 된다. 소중히 다룬다면 그에 화답한다는 점은 인간이나 동물이나 마찬가지다. 경영자가 항상 험한 얼굴로 잔소리만 늘어놓는다면 종업원들이 밝고 성실하게 일할 수 없다. 가라앉은 어두운 분위기의 직장에서 상사와 얼굴을 마주할 때마다 비난과 잔소리만을 듣게 된다면 누가 혼신의 힘을 다해 일하겠는가?

당신이 종업원의 입장이라면 아무리 일이 마음에 들지 않더라도 남들에게 불평을 해서는 안 된다(특히 경영자에게는 절대로 불만을 토로해서는 안 된다). 그 대신 지금까지 이상으로 열심히 일에 전념하자. 그리고 자신이 더 높은 지위의 일이 가능하다는 것을 기회가 생길 때마다 대대적으로 홍보하자.

우리는 대부분 무언가 필요에 의해 특정한 일을 하지 않으면 안 된다. 그런 단조롭고 하찮은 일에서 기쁨을 찾아내기란 정말 어려운 법이다. 무미건조하고 힘든 나날의 노동은, 인생은 즐겁고 끝없는 환희로 넘치는 것이라는 이념과는 완전히 동떨어진 것처럼 여겨진다. 우리는 벌과 달리 인생이라는 쓴맛의 꽃에서 꿀을 채집할 수가 없다. 대부분의 사람에게 있어서 노동은 피하고 싶은 것에 불과하다.

하지만 벌은 꿀을 모으는 계절이 되면 들판에 핀 그 어떤 꽃에서도—독이 든 꽃에서조차— 달콤한 꿀을 찾아낸다. 모든 것이 바라는 대로 되는 인생은 없다. 살아 있다면 틀림없이 타인의 책임을 떠안게 되는 경우도 있을 것이다. 하지만 불평을 해서는 안 된다. 해야 할 일이 있고, 당신이 할 수 있다면 그것이 원래 누구의 일이든 상관하지 말고 처리하자. 타인이 하다 남긴 일을 완성시키고 부족한 점을 보충하거나 난국을 해결할 수 있는 사람은 불평만 늘어놓는 사람보다 몇 배나 더 가치가 있다.

우리 몸의 모든 근육, 모든 세포가 일하기를 바라고 있다. 옛 신학자들이 머릿속으로 그리던 천국이 현실에서 이루어진다면 의욕과 두뇌가 있는 사람에게 그곳은 지옥과 다를 바 없을 것이다. 길은 황금으로, 벽은 유리로 돼 있고 영원히 일하지 않아도 되는 곳에서 우리는 대체 무얼 하면 된단 말인가? 자신의 능력을 활용하지 못한 채 살아간다는 것은 보통 사람들에게는 고문과도 같은 것이다.

우리는 원래 열심히 일해서 무언가에 도움이 되고 있을 때 최고의 행복감을 느끼도록 되어 있다. 따라서 우리는 일생동안 매일 노동을 함으로써 최대의 행복, 최고의 충족감을 맛 볼 수 있다. 일에서 열정과 기쁨을 찾고, 일을 통해서 자기 자신을 표현해야 한다. 그리고 가지고 있는 능력을 발휘한다면 마르지 않는 만족감을 얻을 수 있을 것이다.

의욕적인 화가는 매일 아침 벅찬 기대감으로 캔버스를 향한다. 작업 중이던 작품이 전날 밤부터 신경에 쓰여 안절부절 못하며 얼른 일을 하고 싶어서 견딜 수가 없는 것이다. 우리도 이에 지지 않을 정도의 열의를 가지고 매일 아침 일을 대할 수 있다면 얼마나 멋질까? 미켈란젤로와 밀레처럼 밝은 기대로 심장이 두근거리면서……. 하지만 아쉽게도 대부분의 인간은 그저 직장에 몸담고 있을 뿐 진정한 의미로 살고 있지는 않다. 왜냐하면 우리가 일에서 진정한 기쁨을 찾아내지 못하기 때문이다. 일에서 즐거움을 얻을 수 있을지는 어떤 능력을 활용해서 일을 하느냐에 달려 있다. 예를 들어 당신의 성의와 관대함을 일에서 활용할 수 있다면 탐욕적이고 이기적인 마음으로 생활을 위해 일하는 것보다 훨씬 고상한 기쁨을 얻을 수 있을 것이다.

빅토리아 왕조의 화가 로렌스 알마 타데마의 딸은 '행복이란 무엇인가?'라는 강연 중에 자신은 5개월에 걸쳐 행복의 정의를 생각했다고 말했다. 타데마는 행복이란 열심히 일하고 자신의 능력을 최대한으로 발휘함으로써 얻을 수 있는 것이라 했다. "자신이 가지고 있는 능력을 제대로 발휘하지 않고서는 큰 행복을 얻을 수 없다."고 했다. 만약 우리가 최선을 다해서 최고의 결과를 얻을 수 있는 일을 하지 않는다면 언제까지고 마음속 불만의 목소리가 잦아들지 않아 행복을 맛볼 수 없을 것이다.

생활을 위해서는 어쩔 수 없이 일할 수밖에 없다는 생각을 버리고, 생계를 유지한다는 것은 일하는 목적 중에서도 아주 작은 일부에 지나지 않는다는 사실을 이해해야 할 것이다. 우리는 무엇보다도 일을 해야 된다는 천명에 따라, 먹고 살기 위해서만이 아니라 기쁨을 얻기 위해서도 일을 하고 있는 것이다. 우리는 일을 해야만 비로소 진심으로 충족감을 얻을 수 있다. 일을 사랑한다면 그것은 고행이 아니라 끝없는 기쁨, 멋진 특권이 될 것이다. 그렇게 된다면 우리는 매일 아침 놀러 가듯이 두근거리는 마음으로 직장을 향할 수 있을 것이다.

일하는 것(더 나아가 인생)에서 행복을 느끼기 위해서는 노동이 그저 돈벌이나 시간 때우기가 아니라 우리의 본분이며 천명이라는 사실을 젊어서부터 이해하지 않으면 안 된다. 자신의 능력을 살려 혼신의 힘을 다해 일하고 있는 사람이 불행했던 적은 단 한 번도 없었기 때문이다.

◆ 자신의 일에 불만을 토로하는 대신 이 일을 할 수 있어 다행이라고 감사하는 마음을 갖자. 어떤 일을 하든 간에, 동료나 상대로부터 어떤 일을 당하든 간에 뭔가 고맙게 느낄 것이 반드시 있을 것이다. 자신은 다른 일이 아니라 이 일이 하고 싶었기 때문에 지금 이 일을 하게 됐다는 점과 일을 통해 자기 자신을 표현하고 싶다는 꿈을 꾸고 있었다는 점을 떠올리자. 그런 감사의 마음을 잃지 않는다면 자신을 좀 더 사랑할 수 있게 되고 스트레스 때문에 건강을 해칠 리도 없을 것이다(직장에서 제아무리 싫은 일이 있었더라도 그 때문에 수명을 단축시킨다는 건 어리석은 일이다).

◆ 자신의 한계를 뛰어넘는 일은 하지 말자. 아무리 열심히 해도 능력 이상의 일은 할 수 없다. 일에 전념한 것 이상으로 일에서 얻을 수 있는 것(만족감, 성취감, 행복 등)이 없다면 우리는 지치고 만다.

◆ 일하는 즐거움은 얼마나 많은 돈을 버는가가 아니라 얼마나 만족할 수 있는가에 따라 좌우된다. 자신이 오늘 달성한 일에 만족하자. 그리고 일이 얼마나 남아 있든 간에 오늘은 이미 충분히 일했고 최선을 다한 것이다. 자신이 오늘 한 일에 대해 칭찬하자.

◆ 자신은 남을 위해 일하는 것이 아니라 타인을 돕고 있는 것이라고 생각하자. 질문 받은 모든 내용을 다 정확히 대답하지 못해도 상관없다. "기꺼이 제가 조사하겠습니다."라고 대답하면 그만이다. 사람을 돕기 위해 온갖 지식을 전부 알고 있을 필요는 없다. 할 수 있는 일을 해서 상대의 요구를 들어주겠다는 마음만 있으면 된다.

◆ 자신의 일에서 즐거움을 느끼자. 당신에게는 일이 있고, 있을 곳이 있고, 수입이 있다. 그것만으로도 멋지지 않은가?

아름다움을
사랑하는 마음

> "하지만 나는 모든 것에 있어서 아름다움의 원리를 사랑했다."
>
> —존 키츠

아름다움을 사랑하는 힘을 키우는 것만으로도 사람은 지금보다 몇 십 배 더 행복해질 수 있다. 아름다움을 사랑하는 사람에게 있어, 미에 대한 감수성을 키우는 것에는 그 무엇과도 비교할 수 없을 만큼의 가치가 있다. 젊었을 때 아름다움을 사랑하는 마음을 키우면 세상이 얼마나 아름다움으로 넘쳐흐르고 있는지 깜짝 놀라게 될 것이다.

하지만 우리는 자신이 아름답다고 생각하는 것밖에 사랑하지 못 한다. 그리고 이와 같은 아름다움에 대한 감성은 훈련과 경험, 유전적 소질로 얻을 수 있는 것이다. 때문에 안타깝게도 대부분의 사람들은 보는 눈이 없어 주변의 아름다움을 깨닫지 못한 채 생을 마감한다. 그들의 마음속에는 무수히 많은 문이 닫혀 있다. 교육과

훈련에 의해 그 문을 열기만 한다면 그들의 인생은 더 없이 풍요롭고 행복한 것이 될 텐데…….

모든 것의 배후에는 특별한 의미가 감춰져 있다. 하지만 그 비밀을 엿볼 수 있는 것은 그 의미를 느끼고 공감할 수 있는 사람들뿐이다. 아름다움에 대한 감성을 가지고 그 성스러운 의미를 깨달을 수 있는 사람은 주변의 모든 것에서 아름다움을 찾아낼 수 있다. 때문에 아무리 힘든 상황에서라도, 그 어떤 불운과 실패, 고통을 경험하더라도 반드시 역경을 딛고 일어서 더할 나위 없는 기쁨을 맛볼 수 있게 된다.

그런 마음을 가진 사람은 설령 지옥 속에서라도 행복감과 아름다움을 느끼는 마음을 잃지 않는다. 영국의 시인 라브레스는 투옥당했을 때 〈옥중에서 아리시아에게〉라는 제목의 다음과 같은 시를 썼다.

돌담은 감옥이 아니며, 철창도 벽이 아니다.

무구(無垢)히 평안한 마음에는,

사람들을 벗어난 은신처와 같다.

나의 사랑을 막는 것도 없으며,

내 마음을 얽매는 것도 없다.

이렇게 큰 자유를 얻은 것은,

높은 하늘에서 춤추는 천사뿐.

또한 화가 벤자민 웨스트는 어릴 적에 자신이 그린 그림을 어머니가 칭찬해주며 키스를 해주었다고 한다. 그는 이 키스를 계기로 화가가 되기로 결심했다고 한다. 단 한 번의 키스로 소년의 눈앞에 아름다움의 세계라는 새로운 지평선이 열린 것이다. 더 나아가 다른 화가가 그린 걸작을 감상하고 예술가로서의 자질에 눈을 뜬 화가도 많다(이탈리아 르네상스의 거장 코레지오는 라파엘로의 명화 〈성 세실리아〉를 보자마자 "나도 화가야."라고 외쳤다고 한다). 분명히 예술은 우리들에게 그 어떤 것보다도 순수하고 숭고한 행복감을 가져다준다. 미술평론가 러스킨은 꽃과 초목, 석양과 사소한 풍경들을 자세히 관찰함으로써 예술에 대한 사고를 키웠다. 그리고 그 마음 덕분에 그는 자신의 인생에 기쁨을 가져다준 새로운 세계에 눈을 뜸과 동시에 수많은 사람의 마음속에 있는 행복의 문도 열리게 했다. 이 아름다움에 대한 문은 한 번 열리기만 하면 그 어떤 힘으로도 닫을 수가 없다. 그리고 문 저 편에는 아름다움의 탐구를 향한 무한한 가능성이 펼쳐져 있다.

　우리의 마음은 좁은 감방에 가둘 수 있는 것도 아니며, 불행한 처지로 인해 꺾여 버리는 것도 아니다. 비참하고 절망적인 상황에서 벗어나는 한가지 수단으로써 우리는 지성과 아름다움을 창출할 수 있는 힘을 가지고 있다. 아무리 실패를 했다 할지라도, 아무리 천재지변을 당했다 할지라도, 우리는 마음속에 아름다움과 평온한 낙원을 구축하고 스스로의 상상력으로 채색된 그 왕국에서 즐길 수 있다.

당신이 인생에서 무엇을 얻을 수 있을지는 자신의 마음을 어떻게 키웠는가, 어떤 사고습관을 몸에 익혔는가에 따라 결정된다. 보는 눈만 있다면 평범하고 무미건조하게 보이는 불모의 환경 속에서도 아름다움과 기쁨, 어떤 의의를 찾아낼 수 있다. 마틴 루터 킹 목사가 말했듯이 천국이라는 말은 그야말로 이 세상 전체를 가리키고 있는 것인지도 모른다. 아름다움을 사랑하는 조물주는 우주 구석구석에까지, 인간이 만든 그 어떤 것보다도 눈부신 아름다움을 뿌려 놓았다. 사람이 발을 디디지 않은 땅 끝에서조차 풀꽃과 바위의 결정, 새와 동물들이 은밀하게 자신의 아름다움을 자랑하고 있다. 위대한 창조주는 황야라는 "더럽혀 지지 않는 불멸의 아름다움"(에머슨의 말)을 진심으로 사랑했음에 틀림없다.

인생이 재미없게 느껴진다면 그것은 당신이 인생에서 희열과 즐거움, 아름다움과 진실을 이끌어내는 방법을 모르기 때문이다. 아름다움을 사랑하는 마음이 있다면 어떤 장소에서라도 그 기쁨을 만끽할 수 있다. 세상 구석구석에 아름다움이 존재한다. "계곡과 산꼭대기 높이 떠 있는 구름처럼 나 홀로 떠돌다보면 불현듯 보이는 한 무리의, 황금빛으로 빛나는 황수선화"라고 워즈 워드는 노래했다.

아무리 가난한 곳에 살더라도 머리 위에서는 여전히 달과 별빛이 빛나고, 아이들의 웃음소리가 들려오고, 마을 사람들의 눈동자에는 아름다운 광채가 깃들어 있다. 아무리 황량한 장소라 할지라도 도로 틈 사이에서는 한 송이 꽃이, 혹은 잡초가 필사적으로 삶을 유지하고 있다.

"옥수수가 자라는 것을 지켜보고, 꽃이 피는 것을 바라보고, 숨이 차도록 쟁기로 대지를 경작하고, 책을 읽고, 생각에 잠기고, 사랑을 나누며, 기도를 한다……. 이런 것들이 사람을 행복하게 하는 것이다."라고 러스킨은 적고 있다.

인간의 모든 욕구와 바람에 대한 대답은 신이 만들어 놓은 멋진 세상 속에 이미 다 준비 돼 있다. 그런데 어째서 우리의 인생은 척박하고 가난하며 고통스럽고 황폐해지는 것일까? 인생은 좀 더 위대하고 고상한 것이 아닌가?

여기 두 사람이 있다고 예를 들자. 한 명은 나뭇잎 하나하나에서 자연의 경이로움을 발견하고 환희로 가슴이 두근거린다. 반면 또 다른 한 명은 같은 것을 보더라도 그저 나뭇잎이 있다, 꽃이 있다, 태양이 지평선 너머로 가라앉았다고밖에 느끼지 못한다. 아름다운 것을 사랑하고 기뻐하는 마음이 없는 후자와 같은 사람들은 한 번 재산과 행복을 잃게 되면 다시는 행복해질 수 없을 것이다.

우리 주변에서는 행복의 샘이 넘치고 있다(게다가 돈을 쓰지 않고도 무한대로 손에 넣을 수 있다). 그런데도 수많은 사람이 아름다움에 대한 감성이 완전히 시들어버려 돈이나 돈으로 살 수 있는 것만이 행복이라고 믿고 있다. 하지만 지갑 속에 돈을 쌓는다는 것은, 인생 속에 아름다움을 축적해 우리가 원래 가지고 있는 고상한 감성을 배양하는 것에 비한다면 얼마나 초라한 행위인가?

삶의 기쁨은 우리 주변에 있는 것이 아니라 우리 자신의 내면에 있다. 아름다움을 사랑하는 마음이라는, 누구나 무상으로 손에 넣을 수 있는 능력을 몸에 익힘으로써 인생은 기쁨으로 넘쳐나게 된다. 행복해질 수 있을지 없을지는 당신 자신의 손에 달려 있는 것이다.

하지만 우리는 너무나도 쉽게 쾌락을 행복과 혼동하고 만다. 쾌락은 순간의 기쁨에 지나지 않으며, 예를 들어 훌륭한 책을 읽었을 때 얻을 수 있는 충족감과 비교한다면 그저 향락에 불과하다. 조잡한 욕구와 욕정을 충족시킴으로써 얻을 수 있는 기쁨은 단아한 아름다움의 왕국이 가져다주는 환희와 비교한다면 아무런 가치도 없는 것이다. 정신적 기쁨은 다른 그 어떤 것보다 훌륭한 것이다.

모든 것에서 인생의 감미로운 꿀을 모을 수 있는 사람, 자기 주변에 있는 아름다움과 예술의 원천을 깨닫는 감성을 몸에 익힌 사람은 막대한 부를 원하지 않는다. 그런 사람은 밝음과 고결함, 타인에게 도움이 되는 능력과 같은 재산을 무한대로 가지고 있기 때문에 행복을 찾아 정처 없이 방황하는 일이 결코 없다. 키츠도 다음과 같이 노래했다.

아름다운 것은 영원한 기쁨이 된다.

그 사랑스러움은 더욱 커져,

결코 완전히 사라지지 않는다.

오히려 우리에게 조용한 그늘을 드리우며,

달콤한 꿈과 건강, 조용한 숨결로 충만한 잠을 제공해 준다.

오늘부터 당장 할 수 있는 일

◆ 주변을 둘러보아 생각하지 못한 곳에 아름다움이 감춰져 있지 않은지 찾아보자. 뜻밖의 우연에 의해 아름다움의 새로운 문이 열릴 수도 있다.

◆ 그 어떤 빈곤과 절망 속에서 살고 있더라도 과거의 위인이 남긴 뛰어난 글을 읽고 스스로 감동을 느낄 수 있다. 페이지를 펼치면 언제나 위인들의 위대한 사상과 고결한 품성, 최선의 철학을 접하고 자신의 인생을 풍요롭게 만들고 아름다움에 대한 감성을 키울 수 있다. 도서관에서는 무료로 돈을 들이지 않고도 위대한 시인의 작품과, 곤궁·고뇌를 극복하고 불멸의 명성을 이룩한 선인들의 전기를 읽을 수 있다. 숭고한 세계를 만들어낸 화가와 조각가의 작품을 감상할 수도 있다. 도서관을 이용할 수 있도록 카드를 만들고, 가까운 도서관으로 발길을 옮겨보자. 미술, 음악, 시, 문학 등 모든 예술작품에도 접할 수 있다.

◆ 카메라를 들고 주변을 촬영해보자. 석양과 활짝 핀 꽃, 단풍, 구름, 나무 위에 반짝이는 고드름, 아이들의 미소 등…… 당신의 심금을 울리는 영상을 사진으로 찍어 아름다움을 사랑하는 경험을 기억에 각인시키자.

◆ 직장과 부엌 창가에 식물을 놓자. 저녁 식탁에 촛불을 켜고 자신의 방에 향을 피우자. 달콤한 향기와 자연의 섬세한 아름다움을 접해보자.

휴가를 내지 않는
사람들

ᐟᐟ

"비둘기처럼 우리에게 날개가 있다면 날아가 쉴 것이다."

—구약성서 '시편' 제55장 6절

매일매일 아무런 변화도 없이 몇 년 동안이나 똑같은 일을 할 수 있는 사람은 없다. 만약 그렇게 한다면 판에 박힌 듯이 반복되는 나날에 능력이 쇠퇴하거나 심신의 건강을 해쳐 수명이 줄어들고 말 것이다. 하지만 특히 도시에서는 정말로 많은 사람이 과로로 건강을 해치고 원래 자기 자신과는 동떨어진 모습으로 바뀌고 만다. 필요할 때는 휴식을 취할 수 있을 만큼의 분별력이 있다면 그렇지 않겠지만 그들은 생활을 바꿀 필요성을 이해하지 못하는 것이다. 그런 사람들은 휴가는 시간 낭비라고 치부하며, 일을 쉬고 "한가롭게 놀면서 지낸다."는 것은 상상조차 하지 못한다.

하지만 만약 의사가 건강한 몸으로 만들어주겠다고 한다면 당신은 얼마를 지불하겠는가? 무거운 발걸음을 가볍게 해주고, 늘어진 근육을 탄력 있게 만들어줘 생활에 활력과 희망을 불어넣고, 어둡고 신경질적인 인간이 아닌 언제나 밝고 온화한 인간으로 바꿔준다고 한다면? 그럴 수만 있다면 아무리 돈이 많이 든다고 해도 아깝지 않다고 생각할 것이다. 하지만 지금 당장 일을 집어던지고 여유롭게 쉬면서 기분전환만 해도 이 모든 것을 간단히 손에 넣을 수 있다.

너무나 많은 비즈니스맨들이 일의 노예로 전락하여 조직의 톱니바퀴의 일부로써 희생양이 되어버렸다. 그들은 어제도 일했다는 이유로 오늘도 일을 하고 있다. 생활의 변화 대신 정해진 일을 매일 같이 지속하는 게 편하다.

내 주변에 있는 한 남성은 벌써 몇 년 동안이나 휴가를 내지 않았다. 언제 회사를 찾아가 보아도 쉬지 않고 끝없이 아등바등 일만 하고 있다. 꾸준히 성실하게 일하는 것이 중요하다고 믿는 그는 주변 사람들에게도 그렇게 종용하고 있다. 그의 말에 따르면 휴가는 그야말로 난센스로 일하지 않는 것은 시간 낭비, 짧은 인생을 휴양지 따위에서 한가로이 보낼 수는 없다고 한다. 그렇게 몇 년 동안 일에만 전념하며 살다가 결국 이 남자는 건강을 해치고 말았다. 지금은 손이 떨려 수표에 서명조차 제대로 하지 못한다. 언제 쓰러져도 이상하지 않을 정도가 됐지만 여전히 일을 쉬려 하지 않는다. 이 정도라면 아무리 돈을 많이 모았다 할지라도 완전히 인생의 패배자일 뿐이다. 이 남자의 부하들 중에 그를 동정하는 사람은 한 명도 없다. 항상 험한 인상에 화를 잘 내 종업원들은 물론 가족들도 그를 상대하지 않게 됐다. 지금의 그는 인간다운 감정이 없는, 냉철하게 일하는 기계에 불과하다. 만약 지금 자신의 모습―오랫동안 피로에 찌든 모습―을 거울에 비춰준다면 거울에 비친 모습이 자신이라는 걸 알지 못할 것이다. 본인은 자신이 젊었을 때와 마찬가지로 솔직하고 마음이 넓은 사람이라고 착각하고 있기 때문이다.

세상에는 이런 사람들이 어디에나 있다. 결국 그들은 몸을 망가뜨려 눈앞의 이익 때문에 잃은 건강을 되찾으려고 온천이나 휴양지로 발길을 옮긴다. 그들은 배를 타고 바닷바람을 쐬거나 세상의 명의를 찾아다니는 등, 쉬지 않고 일만하다 잃은 체력과 생명력을 어떻게 해서든 되돌리려고 발버둥친다.

희한하게도 휴식이 필요할 때는 몸이 반드시 신호를 보낸다. 예를 들어 사소한 일에도 자제심을 잃고 화를 낸다, 이전에는 일이 즐거웠지만 지금은 억지로 책상 앞에 앉아 있다, 몸이 무겁고 초조하다, 야심과 정열이 시들었다, 두통이 심하다, 눈빛이 흐려졌다, 발걸음이 무거워졌다 등. 이런 징후로 몇 번이고 고생을 했고, 최근 몸 상태가 왠지 이상하다고 느껴졌다면 그건 틀림없이 발걸음을 멈추고 휴식을 취하라고 몸에서 신호를 보내고 있는 것이다. 그 경고에 귀를 기울이지 않는다면 언젠가 그 대가를 치르게 될 것이다 (때론 생명까지 잃는 경우도 있다). 자연의 법칙 앞에서는 왕이든 거지든 모든 인간이 마찬가지다. 두 번, 세 번 어쩌면 그 이상으로 몸에서 이상 신호를 보낼지도 모르지만 마지막 경고 후에는 더 이상 되돌릴 수 없게 된다.

많은 사람이 천수를 다하지 못하고 영원히 잠들고 만다. 왜냐하면 '시간이 날 때까지' 휴식을 뒤로 미루고 1년에 몇 주일 동안 몸을 쉬게 할 여유조차 없다고 착각하기 때문이다.

"휴가를 취하는 게 무슨 도움이 되겠어?"라고 생각하는가?

휴가를 취하면 밝고 쾌활한 자신을 되찾을 수 있다.

상상력과 독창성이 늘어나고 건강이 회복되어 자신감을 되찾게 된다. 불평불만이 줄어들고 젊었을 때의 명랑함과 정열이 되살아나 다시 주변 사람들을 끌어들이게 된다. 도시 생활에 동반되는 편견과 증오, 질투심을 버리고 쾌활함을 몸에 익히게 되어 주변에 보다 큰 만족감, 행복감을 나눠줄 수 있게 된다. 개울의 물소리와 자연이 연주하는 무수한 음악에 귀를 기울여 인생에서 아름다움을 찾고, 차분한 마음과 평온을 얻을 수 있게 된다. 게다가 피로에 지쳐 멍하니 있는 것보다 휴식을 통해 머릿속을 맑게 하면 아이디어도 더 잘 떠오르게 될 것이다.

매일 똑같은 작업을 반복하는 기계가 되기보다 넓은 시야로 사물을 바라볼 수 있는 인간이 되자. 몇 푼 안 되는 돈 대신 건강과 큰 행복을 얻을 수 있고, 생명의 샘을 낭비하지 않을 수 있다면 이만큼 효과적인 투자도 없을 것이다. 마음을 복잡하고 어지럽게 하는 고민에서 한동안 몸을 해방시키고 똑같은 일상에서 벗어나 새로운 발상을 키우자. 벽돌과 콘크리트가 발산하는 도시의 열기에서 벗어나 시골의 상쾌한 공기를 가슴 가득 마시고 기운을 되찾자.

밝은 전망을 가지고 일에 전념하는 것과 노예처럼 마지못해 회사로 향하는 것, 과연 어느 쪽이 좋겠는가? 숨이 끊어질 듯 비관적인 인생을 보내는 것과 정력적이고 자신이 넘치는 태도로 진취적으로 살아가는 것, 과연 어느 쪽이 좋겠는가?

얼마 안 되는 돈을 아끼려고 휴가를 내지 않다가 결국 과로로 쓰러져 높은 치료비를 내게 되어도 좋단 말인가?

활력과 강인함, 성장과 효율만이 우리의 목표지만 그것을 위해서는 먼저 건강하지 않으면 안 된다. 하지만 쉬지 않고 일만하면서 항상 피로에 찌들어 있다면 건강을 지킬 수는 없다.

◆ 당신이 태어나기 전부터 세상은 이미 잘 돌아가고 있었고, 당신이 없더라도 세상은 계속해서 돌아갈 것이다. 당신이 없더라도 세상에는 아무런 지장이 없다. 당신이 없어서는 안 되는 사람이라 여기는 것은 바로 당신 자신과 당신을 사랑하는 사람들뿐이다. 자신을 위한 시간이나 사랑하는 사람과 지낼 시간을 만들지 않는다면 결국 그 사람들로부터 버림받고 말 것이다.

◆ 일을 쉬더라도 문제될 것은 아무 것도 없으며, 오히려 쉬는 것이 당신에게 도움이 된다. 대부분의 사람들은 자신이 없으면 일이 돌아가지 않을 것이라 생각하고 휴식을 취하지 않는다. 분명 당신은 직장에서 중요한 존재일지도 모르지만 세상에 반드시 자리를 지키고 있지 않으면 안 될 사람은 없다. 정말로 당신이 필요한 사람이라면 당신이 죽은 뒤에는 회사도 도산해버릴 것이다. 하지만 당신이 회사에 들어가기 전부터 회사는 존재하고 있었다. 개중에는 지금 추진하고 있는 프로젝트가 완성 단계에 있어서 지금 쉬면 자신의 업적을 제대로 평가받을 수 없기 때문에 휴식을 취하지 못한다는 사람도 있다. 하지만 이 경우에는 휴식을 취할지 말지를 따지기보다 그런 부당한 직장에서 계속 일을 해야 하는 건지 자문하는 게 먼저일 것이다.

◆ 당신에게는 해야 할 일이 있지만 일이 전부는 아니다. 아무리 일을 좋아하고 일에서 엄청난 만족감과 성취감을 얻고 있다 하더라도 당신에게는 일 이외의 인생도 있다. 영화를 보고, 친구와 즐겁게 대화를 나누고, 누군가를 좋아하고, 그 사람에게 사랑받고 싶다고 바라고, 소중한 사람과 특별한 시간을 보내고, 자신의 아이를 자랑스럽게 여기고, 좋아하는 지방을 방문하고, 자연이 풍성한 장소로 가고…… 당신에게는 그런 경험도 필요하다. 휴가란 바로 그러기 위해 있는 것이다. 휴가를 내서 인생을 만끽하자.

언제까지나
끙끙대지 말자

"마음을 유린당하는 것보다는 몸을 유린당하는 것이 낫다."

— 로즈비타 폰 간다스하임

진취적인 마음을 억누르고 초라한 기분에 빠지게 하는 생각을 언제까지나 끌어안고 있어서는 안 된다. 끙끙대며 고민하지 말고 질책과 잔소리, 평판에 너무 신경 쓰며 초조해 하지 말자. 자신을 채찍질하는 삶을 그만두고 사리사욕을 위해 사는 것을 그만두자. 시시한 인간, 어리석은 인간과 상대하지 말고 속임수와 날조에는 상관하지 말자. 겉치장에 너무 신경 쓰지 말고 얄팍한 인간은 상대하지 말자. 자신을 추락시키는 버릇과 잘못된 사고방식에는 눈길도 주지 말자. 그러면 놀랄 만큼 자유롭고 가벼운 마음으로 인생을 살 수 있고 자신의 목표를 확실히 정할 수 있게 된다.

불행한 과거가 있었다 하더라도 그것은 잊어버리자. 자신이 쓴 책과 말한 내용이 잘못 됐거나, 불편한 입장에 처했거나, 발을 헛디 더 부상을 당했거나, 누군가에게 심한 욕을 듣는 등, 무슨 일이 있었던 간에 언제까지나 그것을 마음에 품고 있어서는 안 된다. 그런 걸 기억하고 있다고 해도 아무런 도움도 되지 않으며 과거의 망령 때문에 현재의 행복을 빼앗길 뿐이다. 꺼림칙 한 기억에는 아무런 가치가 없으니 영원히 머릿속에서 지워버리자. 그리고 과거를 정산하고 후련한 마음으로 미래를 향해 전력을 다하자.

우울하고 험악한 표정, 불안한 마음, 초조해지기 쉬운 성격……. 이것들은 모두 당신이 자신을 컨트롤하지 못하고 있다는 증거다. 그것은 당신의 약한 모습을 드러낼 뿐이다. 이것은 주변 상황에 제대로 대처하지 못한다는 것을 스스로 밝히는 것과 같다. 우울과 불안을 내몰아버리고 자신의 마음을 스스로 지배하자. 행복이란 왕좌를 적에게 넘겨서는 안 된다.

아무리 불쾌한 일, 화나는 일, 마음의 균형을 흐트러뜨리는 일이 있더라도 끙끙대며 맘에 품지 말고 잊어버리자. 지금 생각해보면 아무 상관도 없는 일 아닌가? 계속해서 끙끙 앓으면서 "이렇게 하는 게 좋았을 걸, 저렇게 하는 게 좋았을 걸."하고 후회하는 데 시간을 허비하기보다 좀 더 유익하게 시간을 써야 한다. 아무런 도움도 되지 않는 생각은 쫓아 버리고, 도둑을 집안에서 쫓아내듯 우울한 기분을 머릿속에서 털어버리자. 그리고 그런 행복의 모든 적들이 들어오지 못하도록 마음의 문을 튼튼하게 닫아버리자.

하지만 대부분의 사람은 어떻게 해야 고통과 불안, 통증을 쫓아버리고 즐거운 마음이 될 수 있는지 몰라 고민하고 있다. 우리는 과거를 잊지 못하여 마치 고물들을 창고에 산더미처럼 쌓아둔 어리석은 사람처럼 끝없이 괴로운 과거에 집착하고 있다. 대부분의 사람이 필요 없는 무거운 짐을 등에 짊어지고 있다. 아무런 도움도 되지 않고 그저 기운만 빠지게 해 우리의 몸에 피로를 누적시키기만 하는 짐을 지고 있다. 그러나 소중한 것만 남기고 낡고 도움이 되지 않는 것을 버리기만 한다면—백해무익한 것, 자신의 인생을 방해하는 것을 지워버리기만 한다면—우리는 자신을 높이 끌어올릴 수 있을 뿐만 아니라 보다 행복하고 조화로운 인생을 발견할 수 있을 것이다.

오늘부터 당장 할 수 있는 일

◆ 때론 깨끗하게 포기하여 자신을 스트레스로부터 해방시키자. 어떻게 해서도 해결할 수 없는 사태에 처하게 됐을 때는 두 손을 들어 버리고 "좋아, 오늘은 여기까지!"라고 단념하는 게 좋다. 스스로 해결 할 수 없는 문제에 휘둘리면 결국 당신 자신만 고통을 받게 된다.

◆ 필요할 때는 도움을 청하자. 모든 문제에 대한 대답을 알고 있는 사람일 필요는 없으며, 완벽한 인간이 아니어도 상관없다. 누군가 다른 사람에게 도움을 청하자. 그러면 당신은 마음이 편안해지고 상대에게도 타인을 도와주었다는 자신감을 심어줄 수 있다.

◆ 끈기가 없어서 실패하는 것이 아니다. 포기할 줄 모르기 때문에 실패하는 것이다.

웃음의
효과

L⌐

"웃어라! 그러면 세상이 당신과 함께 웃어줄 것이다. 당신이 눈
물을 흘리면 아무도 함께 울어주지는 않는다. 단지 당신 혼자만
비통에 잠길 뿐이다."

—에러 윌러 윌콕스

만약 세상 사람들이 웃음의 힘을 알고, 밝은 마음으로 기쁨을 있
는 그대로 표현하는 것의 효과를 이해하고 있다면 의사들 대부분
이 직업을 잃고 말 것이다. 뉴욕에 있는 버틀러 정신병원 원장 레
이 박사는 한 논문에서 "진심에서 우러나는 웃음은 어떤 이성의 단
련보다도 정신건강에 있어 훌륭하다."고 말했다. 또한 세상에서 가
장 유명한 영국 의학 잡지 〈란세트(Lancet)〉에서도 쾌활함의 중요
성에 대해 다음과 같이 기록했다.

"밝은 기분은 병약한 사람에게 엄청난 효과를 가져다준다. 그것
은 환자에게 살기 위한 힘을 준다. 몸이 약한 사람도 쾌활한 성격
을 유지한다면 병을 이기고 더욱 오래 살 수 있을지도 모른다. 때

문에 어떤 상황에 처해 있더라도 되도록 밝고 활기찬 기분을 유지하는 것이 중요하다. 인간의 몸이 기능을 다하는 데 있어서 정신적 에너지는 매우 중요한 역할을 한다. 정신 상태는 전신에 영향을 끼친다. 즐거운 마음을 갖고 있다면 통증을 완화시킬 수 있을 뿐만 아니라 몸의 생명력도 증진시킬 수 있다."

웃음은 자연이 우리에게 준 최고의 강장약 중 하나이다. 웃음은 균형이 깨진 전신의 기능을 조화롭게 만들어주고, 마음을 평온하게 해주고, 고통스럽고 단조로운 업무로 인해 생겨나는 마찰을 방지해 준다. 그것은 생명을 유지하고 건강을 촉진시키고, 기쁨과 성공을 생산토록 하기 위해 신이 우리에게 내려준 성스러운 선물이다. 셰익스피어도 "가벼운 마음은 장수의 비결"이라고 하지 않았던가?

샌프란시스코의 〈아르고 노트〉지에는 캘리포니아주에 사는 한 여성의 이야기가 소개되어 있다. 이 여성은 슬픔과 실의에 빠져 불면증과 소화불량과 같은 합병증에 시달리고 있었지만 어느 날, 자신의 인생을 물거품으로 만드는 이 음울한 기분과 작별을 하겠다고 결심했다. 그리고 재미있는 일이 있든 없든 간에 이제부터는 적어도 세 번은 소리를 내서 웃기로 결심했다. 그러자 순식간에 그녀는 건강을 되찾게 됐고 항상 밝은 기분으로 살 수 있게 됐다. 게다가 그녀가 살고 있는 집 전체가 따뜻하고 안락한 장소로 바뀌어 버렸다.

이 여성의 지인—그녀가 기사를 썼다—에 의하면 가족들이 처음에는 그녀의 결심에 놀라 그저 곁에서 바라보기만 했다고 한다. "그런데 얼마 뒤부터 제가 너무 황당한 룰을 만들었다며 남편이 웃음보를 터뜨린 거예요. 남편은 매일 귀가를 하면 '오늘은 목표를 달성했어?'라고 묻기 시작했죠. 남편은 그렇게 물으며 웃었고, 제 대답을 듣고 또 다시 웃음보를 터뜨렸어요."라며 그녀는 즐겁게 이야기 했다.

"아직 어린 아이들도 '엄마가 이상해졌어.'라고 말하면서 즐겁게 웃었어요. 머지않아 아이들이 친구들에게 이 룰을 설명했고, 그 아이들은 다시 자신의 부모들에게 말했죠. 남편도 자신의 친구들에게 이야기를 해서 저를 만나는 사람들은 모두 '오늘은 이제 몇 번 더 웃어야 하나요?'라고 농담을 하게 됐어요. 그렇게 물어오니 당연히 저도 모르게 웃음이 터지고 마는 거예요.

저는 항상 어두운 기분으로 있었지만 이 기묘한 룰을 만들고부터 마음이 밝아졌습니다. 위장 상태도 완전히 좋아졌고 전에는 매일 같이 시달리던 두통도 6년 정도 전부터 완전히 사라졌습니다. 집안 분위기도 몰라보게 밝아져 집안일이 몇 십 배 즐겁게 느껴졌습니다. 남편도 달라졌고 우리 아이들도 '저 집 딸들은 항상 웃어요.'라는 말을 듣게 되었어요. 이 룰은 기적을 일으켜줬어요."

반면에 세상에는 인생을 힘들고 고통스런 경험으로 바꿔버린 사람들도 있다. 그것은 불길한 예언을 하고, 희망을 지워버리고, 모든 것을 나쁜 쪽으로밖에 보지 않으려는 사람들이다. 나는 한 때 한 성직자의 가정에서 산 적이 있다. 그 집에서는 몇 개월 동안 웃음소리를 전혀 듣지 못했다. 그 가족들은 그것이 마치 신앙심의 표현이라도 되는 양 매일 어두운 표정으로 무겁고 엄숙한 분위기속에서 살고 있었다. 그들은 현세를 즐기는 것이 아니라 내세를 위해 살고 있는 것처럼 보였다. 그리고 내가 웃을 때마다 목사는 "그대여 '최후의 순간'을 떠올리며 언제 닥쳐올지 모를 죽음에 대비하게."라고 말했다. 그 집에서 웃음은 경박하고 세속적인 것으로 치부됐다. 그러니 즐겁게 노는 것은 더 말할 나위가 없었다.

나는 웃는 습관을 잃게 된 사람에게 언제나 이런 말을 하고 있다. "자신의 방에 숨어 빙긋이 웃는 연습을 해보라. 사진과 거울 등 뭐든 좋으니 그걸 바라보며 미소를 지으며 굳어버린 얼굴 근육을 풀어라." 웃음을 잃은 인생은 스프링이 없는 짐차와 같은 것으로 작은 돌멩이 하나만 밟아도 덜컹대며 흔들릴 것이다. 하지만 웃음만 잃지 않는다면 그 어떤 험한 길에서도 안락한 흔들림밖에 느끼지 못할 것이다.

링컨은 책상 한편에 반드시 유머 책을 한 권 두고 피곤에 지쳤을 때나 힘들 때면 그 책을 읽으며 마음의 휴식을 취했다고 한다. "마음이 밝으면 표정도 밝아진다."는 말처럼 즐거운 기분으로 산다면 마음도 표정도 젊고 싱싱해질 것이다. 진심으로 웃는다면 당신은 자신을 더욱 좋아하게 될 것이고 주변 사람들도 당신에게 끌리게 될 것이다. 그리고 인생에서 가장 고귀하고, 가장 훌륭한 운명을 맞이할 가능성이 커지는 것이다. 여기에는 생리학적인 확실한 증거도 있다. 우리 몸 전체의 교감신경은 서로 밀접한 관계를 가지고 있기 때문에 한 교감신경이 뇌에 나쁜 소식을 전달하면 위를 담당하는 신경에 영향을 끼쳐 소화불량을 일으키고, 표정도 함께 어두워지게 된다. 그러니 가능한 한 웃도록 하자. 웃음은 공짜로 얻을 수 있는 약이다.

쾌활함이 우리 몸에 어떤 영향을 끼치는지는 아직 충분히 밝혀지지 않았다. 하지만 한 저명한 의학박사는 일단 아이들을 밝게 키워야 한다고 주장하고 있다. "아이들을 밝고 즐겁게 웃을 수 있도록 가르치십시오. 잘 웃으면 폐에 공기가 들어가 가슴이 넓어지고 혈액의 흐름도 좋아집니다. 웃음을 참지 말고 집 안이 울리도록 큰소리로 웃는 것입니다. 웃음은 본인뿐만이 아니라 그 웃음소리를 듣는 주변 사람들까지 행복하게 하기 때문에 집안의 어두운 분위기가 단숨에 사라집니다. 마음에서 울리는 웃음소리는 기쁨에 넘치는 하모니이며 그 어떤 음악보다도 훌륭한 음악입니다."

"쾌활하지 않은 아이는 크게 성공할 수 없다. 꽃이 피지 않는 나무에는 열매가 열리지 않는 법이다."라고 한 작가는 말했다.

"어쨌거나 웃는 것은 훌륭한 일이다."라고 시인 드라이던은 말했다. "만약 지푸라기 하나로 사람을 웃게 할 수 있다면 그 지푸라기는 행복을 가져다주는 도구다."

평론가 토마스 칼라일은 "웃음에서 얼마나 많은 것을 알 수 있는가?"라고 적고 있다. "웃음에는 사람의 본질을 꿰뚫어 볼 수 있는 열쇠가 감춰져 있다. 항상 시도 때도 없이 싱글벙글 웃는 사람, 얼음처럼 차가운 냉소를 짓고 있는 사람……. 진정한 웃음이라 부를 수 있는 웃음을 짓는 사람은 적으며 대부분의 사람들이 코로 흥하고 웃거나, 킥킥거리며 웃고, 혹은 기껏해야 피식거리거나, 담요를 뒤집어 쓰고 웃는 듯 거칠고 높다란 웃음만 지을 뿐이다. 이런 웃음을 짓는 사람 중에 제대로 된 사람은 없다."

웃음은 인생에서 성공하기 위한 매우 중요한 요소 중 하나다. 철강왕 카네기도 "일은 전부 젊은 직원들에게 맡기고 나는 웃음을 담당하고 있다. 웃음이 없는 곳에는 성공도 없다."고 했다. 세상에는 정말로 성공할 것 같은 사람이 너무 진지해져서 실의에 빠진 채 인생을 마감하는 경우가 많다. 이런 사람들은 어두운 분위기로 주변에 악영향을 끼치고 그로 인해 자신의 능력까지 잃게 된다.

이 세상은 자기 자신의 모습을 비추는 거울과 같은 것이다. 우리가 웃으면 세상도 웃고, 우리가 눈물을 흘리면 세상도 슬픈 표정을 짓는다.

타이밍을 못 맞춰 주변 사람들의 빈축을 사는 경우도 있을 수 있지만, 적어도 밝은 마음에서 생겨난 부드러운 미소는 그 어떤 질서도 흐트러뜨리지 않는다. 빛이 비치면 풍경이 아름답게 보이듯이 미소는 사람들의 얼굴을 빛나게 한다. 미소란 얼굴에 걸쳐진 무지개와 같은 것이다. 미소를 잃으면 우리의 가슴속에서는 슬픈 생각만 떠오르고 상상력은 메말라버릴 것이다. 그리고 기쁨이 사라진 자리에 우울함이 찾아드는 것이다.

끙끙거리며 고민하거나 불만을 토로하기를 그만두고 밝게 웃어서 병을 고쳤다는 사람이 세상에는 셀 수도 없을 정도로 많다. 불만을 토로하고 트집만 잡으면 우리의 인생은 불유쾌하고 보잘 것 없는 것이 돼 버린다. 이런 행복의 적들로부터 자신을 지키기 위해서는 부정적인 기분을 털어버리고, 어두운 생각을 마음속에서 쫓아내야 한다. 조화, 건강, 아름다움, 성공 이런 것만이 진실이며 이와 반대되는 것은 환영에 불과하다.

즐거운 시간을 보내는 것을 당신의 일과로 삼자. 아무리 생계를 위해 일하지 않으면 안 된다고 할지라도 항상 심각하고 음울한 얼굴로 살아야 할 이유는 없지 않은가?

◆ 웃어보자. 킥킥거리는 웃음이나 미소, 거짓 웃음이 아니라 마음속에서 우러나는 웃음을 웃어보자.

◆ 매일 반드시 한 번은 웃도록 하자. 웃을 기회가 없는 날은 재미있는 책을 읽거나, TV 코미디 프로를 보거나, 항상 당신을 웃게 해주는 친구를 찾아가는 등, 가능한 한 웃을 수 있도록 노력해보자.

◆ 매일 적어도 한 번은 다른 사람을 웃겨보자. 너무 웃어서 곤란하다는 사람은 없다. 타인을 웃길 수 있다면 자신도 마음속으로 함께 웃을 수 있다.

◆ 모든 것을 너무 심각하게 생각하지 말고, 때로는 자신의 과오와 실패, 어리석음을 웃음과 함께 날려버리자. 누구나 바보 같은 실수를 하지만 그걸 보고 웃는 게 상대뿐이라면 애석한 일이다. 당신이 뭔가 실수를 저질러 자기 자신에게 너무나 화가 났을 때도 어딘가에 분명히 그런 당신의 진지함을 우습게 생각하는 사람이 있을 것이다. 그렇다면 오히려 당신 자신이 그런 상대의 입장에 서보는 건 어떨까?

노래하는
즐거움

"웃고, 노래하지 않으면 안 된다.
모든 것이 우리를 축복하고 있다. 눈에 보이는 모든 것이 축복
이다."

— 예이츠

사상가 칼라일은 이런 말을 했다. "우리에게 노래하면서 일할 사람을 달라. 노래를 잊지 않는 사람은 같은 시간에 더 많은 일을 하고, 더 오래 노동에 견딜 수 있다. 음악소리에 맞춰 걸으면 피로감을 느끼지 않는다. 별의 운행에도 화음이 동반된다고 하지 않던가?" 그리고 다른 사람의 작품에도 다음과 같은 묘사가 있다. "설거지나 바느질을 하는 중에 즐거운 노래 소리가 들리고, 빗자루가 리드미컬하게 움직이고, 활발한 리듬에 맞춰 총채가 춤을 춘다면 아무런 걱정도 할 필요가 없다. 노랫소리가 들리고 있는 한 접시는 반짝거릴 정도로 윤이 날 것이며 청소도, 다른 일도 완벽할 것이다. 딸이 일하면서 노래하는 걸 들으면 아버지는 미소를 짓고, 어머니

의 피곤한 얼굴도 활짝 펴진다. 동생들에게도 어느샌가 누나(언니)의 쾌활한 기분이 전달된다."

한때 스위스에는 노래를 부르며 소젖을 짜는 습관이 있었다고 한다. 소에게 즐거운 노랫소리를 들려주면 젖이 잘 나오기 때문에 노래를 잘하는 여자가 다른 사람들보다 더 많은 수당을 받았다고 한다. 그리고 양들도 음악을 들려주면 잘 자란다고 한다. 우리 인간들도 노동요를 부르며 작업을 하면 덜 힘들게 느끼게 된다.

"세상에는 마치 연주를 하며 거리를 지나는 음악대처럼 가는 곳마다 듣는 사람 모두에게 기쁨을 전하며 사는 사람이 있는가 하면 귀에 거슬리는 소음만 내는 사람도 있다."고 핸리 워드 비처 목사는 말했다. "어딜 가더라도 자신에 대해서만 말하고, 그 기질과 성격 때문에 남들을 질려버리게 하는 사람이 있는 반면에 잘 익은 과일향으로 넘치는 가을 과수원처럼 우아한 매력을 주변에 퍼뜨리고 다니는 사람도 있다."

매일 고생이 끝이 없다 할지라도 음악을 잊어서는 안 된다. 왜냐하면 결국에는 당신이 필사적으로 추구하고 있는 것이 아니라, 바로 가슴속에 품고 있는 음악이 당신의 인격을 진정으로 풍성하게 해주고 인간으로서의 가치를 높여주기 때문이다.

◆ 노래를 불러 기분을 즐겁게 하자. "나는 나 자신을 칭찬하며 나 자신을 노래하네. 자네도 나처럼 하면 좋을 걸세."라고 휘트먼은 노래했다. 직장에서 노래할 수 없다면 집에서 노래해보자.

◆ 노래를 잘하지 못하더라도 신경 쓰지 말자. 사람은 누구나 마음속에 노래를 품고 있으니 잘하지 못한다고 해도 그 노래를 소리 높여 불러야 한다. 유머 작가인 아르템스 워드는 "내 노래는 듣기 힘들 정도다. 노래를 부르고 있으면 초라한 느낌이 들고, 내 노래를 들은 사람도 기분이 엉망이 된다. 실제로 노래를 부르는 사람보다 듣는 사람이 훨씬 비참할 것이다."라고 적었다. 아무리 음치라도 일단 노래를 불러 상대가 웃으면 자신도 함께 웃자.

◆ 집에 아무도 없고, 이웃도 외출하여 집에 없는 틈을 타서 크게 음악을 틀고 그에 지지 않을 정도로 큰소리로 노래해보자. 집 안에 당신의 노랫소리가 울려 퍼지게 하자.

◆ 뭔가 악기를 배우자(예를 들어 기타라면 금방 기본적인 코드를 익힐 수 있다). 기타를 들고 산이나 바다, 공원으로 가서 노래를 하자. 인생에서 음악을 잊어서는 안 된다.

오늘이라는
날을 살자

ᘈᘈ

> "오늘이라는 날을 자기 자신의 것이라 부를 수 있는 사람은 행
> 복하다.
> 아니, 그런 자만이 행복하다."
>
> —존 드라이던

만약 먼 우주에서 온 외계인이 미국을 방문한다면 이 나라에는
지금 이 순간을 살고 있는 사람이 거의 없다는 데 깜짝 놀랄 것이
다. 대부분의 사람이 지금보다는 미래의 일이나 다가올 무언가에
눈을 향하고 있다. 그들은 진정한 의미에서의 오늘이라는 날을 맛
보지 못하고 있으며, 지금이라는 시간을 살고 있지 않다. 그리고 내
일이 되면, 혹은 내년이 되면 사업이 번창하겠지, 재산이 늘어나겠
지, 새로운 집으로 이사해서 새로운 가구를 사고 새 차를 사겠지,
당면한 문제가 해결돼 모든 것을 손에 넣고 즐겁게 살 수 있겠지,
라고 생각하고 있다. 그렇게 된다면 틀림없이 행복할 텐데⋯⋯. 하
지만 그들은 오늘이라는 날을 진심으로 즐기지 못하고 있다.

미래를 바라보며 사는 것에 익숙해진 우리들의 눈은 마치 가까운 곳이 아니라 먼 곳에만 초점을 맞춰 놓은 듯하다. 우리는 내일을 위해 살아가고 있어서 지금 이 순간을 즐길 힘을 빼앗기고 말았다. 그리고 내일이 오면 이번에는 그 다음 내일이 기다리고 있다.

우리는 마치 "무지개를 잡을 수 있다면 얼마나 좋을까."라고 생각하며 끝없이 무지개를 좇는 어린아이와 같다. 인생 최고의 순간이 아직 미래에 있다고 착각하고 있으며 언젠가 반드시 꿈꾸던 미래가 이루어질 것이라 믿고 있다. 그리고 그 이상적인 인생을 기다리면서 모든 사람이 허상을 좇는 데만 시간을 허비하고 있다.

그런 반면에 이 나라에는 과거를 살아가고 있는 사람들도 많다. 그들은 한때 자신에게 주어졌던 무한한 가능성과 놓쳐버린 기회만을 회상하며 살아가고 있다. 우리는 언제나 이미 늦었다고 깨달았을 때, 자신에게 얼마나 기회가 많았고 얼마나 가능성이 많았는지 깨닫게 돼 과거를 후회하게 된다. 잡지 못한 기회일수록 더없이 소중하게 여겨져 시계바늘을 되돌릴 수만 있다면 이렇게 할 텐데, 저렇게 할 텐데 하며 마음이 어지러워진다.

행복해지고 싶다면 불유쾌한 일과 힘든 기억을 모두 마음속에서 훌훌 털어버리고 망각의 저편에 묻어버리지 않으면 안 된다. 과거의 불행과 잘못을 반복하지 않기 위해서는 무엇보다도 활력이 필요한데 힘든 기억은 그 소중한 활력을 우리에게서 앗아가기 때문이다. 어째서 일부러 과거를 뒤돌아보며 초라해지고, 과거의 잘못에 끝없이 끌려다니며 그때 기회를 잡았다면 부자가 됐을 거라고 후회하며 살 필요가 있는가? 항상 과거를 되돌아보며 지금은 되돌릴 수 없는 무수한 일들을 들춰 자신을 책망하기만 한다면 아무 일도 이루어지지 않을 것이다. 인생에서 성공을 거두기 위해서는 자신이 가지고 있는 모든 에너지를 활용하지 않으면 안 된다. 과거만을 바라본다면 눈앞의 일에 혼신의 힘을 다 할 수가 없다. 판단 실수와 불행한 경험은 아무리 그로 인해 당신이 많은 상처를 입었다고 하더라도 기억에서 지워버리자. 실패는 머릿속에서 지워버리고 다음에는 꼭 잘하겠다고 자신과 약속하자. 불쾌한 기억과 어리석은 행동, 어제의 불행한 일과 같은 과거의 망령에 질질 끌고 다니며 오늘이라는 날을 허사로 만드는 것만큼 어리석은 일도 없다. 아무리 지금까지의 인생이 실패의 연속이었다 할지라도 지나간 일들을 다 잊고, 과거의 문을 닫아버리고 새로운 기분으로 새 출발 할 수 있다면 앞으로는 기적을 일으킬 수 있을지도 모른다.

우리가 행복해질 수 있는 것은 고민과 걱정도 포함해 자신이 지금 처해 있는 바로 그 상황에서 행복을 찾으려고 할 때다. 시련과 장애, 작은 곤란과 실망으로 가득한 하루하루에서 행복을 찾아내지 못하는 사람은 인생의 위대한 비밀을 모르는 사람이다. 우리는 매일의 과업과 인생의 노고, 스트레스 속에서 인생의 감미로운 꿀을 찾지 않으면 안 된다. 이 세상에는 아직 수많은 희열이라는 이름의 광맥이 손도 대지 않은 채 남아 있다. 찾으려고만 한다면 행복의 씨앗은 그 속에 얼마든지 널려 있다.

당신은 지금 영위하고 있는 이 시간이 과거에 그렇게도 기다리던 '미래'였다는 사실을 생각해본 적이 있는가? 지금 당신 손아귀에 있는 이 시간은 예전에 한순간도 허투루 보내지 않고 유효하게 쓰겠다고 생각했던 바로 그 미래다. 하지만 과거에는 장밋빛으로 보였던 바로 그 미래가 어째서 지금은 불모의 사막처럼 느껴지는 걸까? 그것은 보는 눈이 삐뚤어졌기 때문이다. 당신은 자신이 처해 있는 상황을 잘못된 관점에서 바라보고 있다. 당신은 힘들게 오늘이라는 날까지 왔지만 무지개 건너편에 황금 날개가 없다고 낙담하며 허탈해 하고 있다. 그리고 실의에 빠져 자신의 운명을 한탄하며 시간을 낭비하고 있다. 똑같은 시간을 현명하게 활용한다면 눈앞의 사막을 꿈에 그리던 낙원으로 바꿀 수 있을지도 모르는데…….

인생을 시간과 떼어내 생각할 수는 없다. 그런데 어째서 우리는 그 중에서도 가장 중요한 청소년기에 아무 생각 없이 시간을 허비하고 있는 걸까? 시간 낭비는 인생의 낭비와 마찬가지다. 시간을 유효하게 쓴다면 인생은 저절로 유익해질 것이다.

많은 사람이 이렇게 가난하고 쓸쓸한 인생을 보내는 이유는 오늘이라는 날을 제대로 활용하고 있지 못하기 때문이다. 눈앞에 있는 이 하루에 우리는 충분한 에너지와 관심, 정열을 쏟지 못하고 있다. 오늘이라는 날을 진정한 의미로 살기 위한 방법은 단 한 가지밖에 없다. 그것은 매일 아침, 오늘을 가능한 유효하게 쓰고, 이 하루를 열심히 살자고 자신에게 다짐하는 것이다. 무슨 일이 일어나든(혹은 아무 일도 일어나지 않든) 그날의 경험 속에서 뭔가 플러스가 되는 것과 앞으로 실패를 줄이는 데 도움이 되는 지식을 손에 넣자. "오늘부터 나의 새로운 인생이 시작된다. 고통도, 슬픔도, 창피함도, 지나간 일은 전부 잊자."고 자기 자신에게 다짐하는 것이다. 언젠가 삶이 윤택해지면, 가족이 생기면, 아이가 크면이라고 뒤로 미루지 말고 오늘 하루 할 수 있는 일을 생각하자. 모든 장애가 사라지는 날은 영원히 오지 않을 테니까. 당신의 인생에서 걱정과 고민, 문젯거리가 완전히 사라지는 일은 결코 없을 것이고 그런 행복의 적으로부터 결코 도망칠 수 없을 것이다. 하지만 지금 자신이 처해 있는 상황 속에서 최선을 다해 노력할 수는 있다.

우리는 자극적인 일과 새로운 것에만 눈길을 빼앗겨 인생의 여로에 피어 있는 이름 모를 꽃들을 보지 못한다. 하지만 실제로는 그런 꽃에서도 기쁨과 안녕을 손에 넣을 수도 있다. 이상적인 상황이 아니라 있는 그대로의 현상에서 행복을 발견할 수 있는 자만이 정말로 행복한 사람이다. 이 비밀을 습득하기만 한다면 내년까지, 혹은 10년 뒤까지 기다리지 않더라도 당신은 행복해질 수 있다. 부자가 될 때까지, 해외여행을 할 수 있을 때까지, 고가의 예술품에 둘러싸여 살 수 있을 때까지 기다리지 않더라도 지금 이 장소에서, 오늘이라는 날을 충분히 즐길 수 있다.

내가 아는 한 여성은 남편과 아이들을 하늘나라로 먼저 보내고 가족이 없는 비참한 상황에 처해 있었다. 그냥 죽어버리는 게 낫겠다고 생각한 적도 있었다고 한다. 하지만 그녀는 누가 보더라도 절망적인 역경을 이겨내는 방법을 찾아내 불모의 사막을 젖과 꿀이 넘치는 풍요로운 땅으로 바꾸었다. 이 여성은 자기 자신이 말로 형언할 수 없는 고통을 맛봐왔기 때문에 타인의 슬픔을 위로하는 방법을 알고 있었다. 때문에 그녀를 어머니처럼 의지하는 사람들이 줄을 잇게 됐다. 그녀는 바로 쾌활함을 되찾아 인생이라는 것이 그렇게 나쁜 것만은 아니라고 생각하게 됐다.

미래에 대한 걱정이나 불안 때문에 하루를 행복하게 보내지 못한다면 그것은 분명 어리석은 일일 것이다. 오늘이라는 날을 충분히 즐기자. 태어날 때부터 우리에게 주어진 권리를 헛되이 해서는 안 된다. 매일 아침, 자기 자신을 향해 이렇게 말하자. "오늘 무슨 일이 있더라도, 어떤 일이 일어나더라도 나는 꼭 오늘이라는 날을 최선을 다해 열심히 살겠다. 그 어떤 것도 내게서 행복을 앗아갈 수는 없다. 내게는 그저 존재하는 것이 아니라 오늘 하루를 처음부터 끝까지 행복하게 살 권리가 있다. 그 어떤 방해나 생각지 못한 재난이 닥치더라도, 어떤 상황에 처하더라도, 오늘 하루 내 마음의 평온함이 흔들리는 일은 없을 것이다. 무슨 일이 일어나더라도 나는 비참해지지 않는다. 불유쾌한 경험과 슬픈 일 그리고 지금까지 나를 힘들게 했던 모든 불행도, 오늘 내 마음 속을 파고들지는 못할 것이다. 즐거운 생각과 행복한 마음, 안녕, 행복, 성공을 가져다주는 생각만을 마음속에 받아들이자. 행복의 적이 되는 감정은 내 마음속에 자신의 흔적을 남길 수 없다. 밝은 기분 이외의 모든 것은 '출입금지'시켜 마음의 벽에 걸쳐 있는 음산한 그림을 떼어버리고, 그 대신 기쁨과 환희로 가득한 그림을 걸자. 지금까지 내 인생을 방해한 것, 내게 고통을 주고 초라한 마음이 들게 한 것을 적어도 오늘 하루만은 머릿속에서 지워버리자. 그러면 오늘 밤, 나는 오늘이라는 날을 열심히 살았다고 단언할 수 있게 될 것이기 때문이다."

이렇게 매일 아침, 신선하고 긍정적인 마음으로 하루를 시작할 수 있다면 순식간에 인생관이 바뀌어 놀랄 정도의 힘이 솟아날 것이다. 그저 뇌리에 새로운 사고회로를 만들고, 행복해지겠다는 새로운 습관을 몸에 익히기만 하면 되는 것이다. 그럼에도 불구하고 많은 사람들이 지금 이 상황 외의 장소에서 사는 것만이 제대로 된 인생인 양 행동하고 있다. 하루를 시작할 때 "무슨 일이 일어나든 오늘 하루를 행복한 마음으로 보내자. 내가 하루하루 맛봐야 할 기쁨을 누구에게도 빼앗기지 않겠다."고 자기 자신에게 다짐하자. 사소한 일이 일어나더라도, 아무리 힘든 상황에 처해 있더라도, 본래의 행복감과 충족감을 잃어서는 안 된다.

어제는 이미 죽은 시간이며, 내일은 아직 태어나지 않은 시간이다. 지금 당신 손아귀에 있는 것은 현재라는 바로 이 시간뿐이다. 오늘이라는 날이 침식되지 않도록 확실히 지키고 이 하루에만 최선을 다해 살자. 아무리 힘들고 슬픈 과거가 있더라도, 그 어떤 잘못을 저질렀다고 해도, 그것은 이미 지난 일이다. 한 시간 한 시간을, 단 60분밖에 피어 있지 않는 세상에 단 하나뿐인 꽃이라고 생각하자. 지금 그 향기를 즐기지 않는다면 두 번 다시는 같은 꽃을 볼 수 없다. 분명 한 시간만 기다리면 또 다른 꽃이 피어날지도 모르지만 눈앞에 있는 이 꽃을 즐길 수 있는 건 바로 지금뿐이다.

◆ 지금 이 장소에서 찾을 수 있는 기쁨을 소중히 여기자. 멋진 일뿐만이 아니라 일상의 사소한 기쁨에도 눈길을 주자. 지금 이 순간, 당신 주변에는 당신과 마찬가지로 인생에서 무언가 의미를 찾으려 필사적으로 노력하는 사람이 있다. 그런 사람들에게 손을 내밀자.

◆ 지나간 일로 고민하거나, 미래를 걱정하지 말자. 어제 아무리 좋은 기회가 있었다 할 지라도 지금은 이미 사라졌다. "그런 말은 하지 않는 게 좋았어."라고 아무리 후회해도 입 밖으로 뱉어버린 말을 다시 주워 담을 수는 없다. 오히려 후회와 행복한 기억을 오늘을 살아가기 위한 교훈으로 삼자. 워즈워드도 "빛나는 초원, 꽃의 영광, 그것들을 다시 되돌릴 수 없다고 탄식하지 마라. 그 뒤에 감춰진 힘을 발견해야 한다."고 노래했다.

◆ 어제 일은 잊고 매일이 새로운 출발이라고 생각하자. 과거에 그 어떤 잘못과 실패를 범했더라도 오늘이라는 날을 새롭게 시작할 수 있다. 성경에 의하면 베드로가 "형제가 내게 죄를 저질렀다면 몇 번까지 용서하면 됩니까? 일곱 번까지면 괜찮습니까?"라고 묻자 그리스도는 "일곱 번뿐 아니라 일곱 번씩 일흔 번이라도 용서하라."고 대답했다고 한다. 완벽한 인간은 없으며 누구에게나 잘못은 있다. 당신도 자신의 잘못된 과거를 일곱 번씩 일흔 번까지 용서하고 오늘부터 새로운 발걸음을 내딛자.

◆ 오늘이라는 날을 24시간밖에 피지 않는 꽃이라고 생각하자. 마음껏 그 향기를 맛봐도 좋다, 누군가에게 선물해도 좋다, 다른 사람과 함께 그 아름다움을 나누어도 좋다. 혹은 완전히 무시해버릴 수도 있다. 어떻게 할지 정하는 건 당신 자신이다.

인생,
심각하게 생각하지 말자

"항상 진지하려고 자신에게 즐거움이나 안락함을 주지 않는다
면 정서가 불안정해지거나, 머리가 이상해 질 것이다."

— 헤로도토스

　우리는 어째서 이렇게 서두르며 살고 있는 걸까? 어째서 이렇게
숨을 헐떡거리며 이것저것을 쫓아다니는 걸까? 모든 사람들이 마
치 약속에 늦지 않기 위해 서두르고 있는 것처럼 보인다. 중국 고
사의 "계란을 앞에 두고 닭이 울기를 기다린다."는 말은 이런 사람
을 두고 하는 말일 것이다. 사상가이자 시인인 에머슨도 "불안과
의심이 이렇게 확실히 얼굴에 드러나는 국민이 또 있을까? 어릴
적부터 이미 노화가 시작되고 있다."는 글을 남겼다. 우리는 인생
을 너무 심각하게 생각해 삶을 전혀 즐기려 하지 않는다.
　직장을 돌아보면 많은 사람들이 쫓기는 듯한 표정으로 시계를
들여다보며, 아직 일이 이렇게 많이 남아 있는데 하는 마음으로 초

조해한다. 우리는 마치 경찰에게 쫓기기라도 하듯 1분 1초에 초조해하며 자신의 일을 너무 진지하게 받아들여 일의 성패에 전 세계의 운명이 걸려 있는 것처럼 생각하고 있다.

대체 인생을 왜 그렇게 무거운 것이라고 생각할 필요가 있는 것일까? 여유롭게 즐기면 더욱 건강해질 것이고 용기와 결단력이 늘어나 능률도 올라가고 전망도 밝아질 것이다. 인생을 즐기는 것은 당신이 취할 수 있는 가장 현명하고 효과적인 전략 중 하나다. 기분전환과 재충전하는 마음의 여유를 잊고 그저 묵묵히 일에만 몰두하는 인간은 너무 바빠 소중한 도구의 손질을 게을리 하는 사람과 같은 것이다.

오랜 시간 일을 하고 마음과 몸을 한계까지 혹사시키면 그만큼 커다란 성과를 얻을 수 있다고 생각하는 것은 착각이다. 과로와 휴식 부족으로 심신이 피로에 지쳐 있으면 효율적으로 일에 집중할 수 없다. 일하면 일할수록 보다 많은 것을 달성할 수 있다고 생각하는 것은 착각이다. 실제로 얼마나 많은 성과를 거둘 수 있는지는 소비한 시간의 길이가 아니라 일의 효율성에 의해 결정된다. 그리고 일만 하는 것이 아니라 적절히 심신의 휴식을 취해야만 효율을 높일 수 있다. 우리는 또한 놀이를 통해서 심신을 쉬게 하고 기분을 전환시킬 수 있다.

인생을 너무 심각하게 생각하는 사람들은 대체 언제, 어디서건 "날 그냥 내버려둬. 소중한 인생을 허투루 낭비할 생각은 없으니까."라는 대사를 기억하게 됐을까? 분명히 나름대로의 생활수준을 유지하는 것도 중요하지만 반면에 우리는 평소의 생활을 즐기기도 해야 한다. 인생의 대부분을 일의 노예로만 살다가 가끔 휴가를 즐기는 인생은 완전히 잘못된 인생이다. 매일이 기쁨과 더 없는 행복으로 넘치는 휴일이어야 한다. 정신을 잃지 않고, 제대로 된 사고 방식과 평범한 삶의 방식만 잊지 않는다면 이것은 결코 불가능한 일이 아니다.

우리는 끝없이 노동을 반복하기 위해서가 아니라 즐기기 위해서 태어났다. 생계를 유지하는 행위는 인생이라는 커다란 틀의 아주 작은 일부분에 지나지 않는다. 휴식과 기분전환이 없다면 사람은 조화로운 인생을 영위할 수 없다. 그렇게 많은 시간을 할애하지 않아도 된다. 사소한 기분전환으로 커다란 효과를 얻을 수 있을 것이다. 단 1시간의 기분전환만으로도 피로에 지친 마음에 충분한 휴식을 줄 수 있다.

매일의 생활을 즐기자. 행복을 뒤로 미뤄서는 안 된다. 이 세상에는 돈을 버는 것보다 더욱 중요한 일이 있다는 것을 잊지 않도록 하자. 인생의 종반을 맞이했을 때는 건강과 가족, 친구가 돈을 버는 데 쓴 시간보다 몇 천 배나 소중하게 느껴질 테니까.

오늘부터 당장 할 수 있는 일

◆ 자신의 고민(아무리 심각한 고민이라도)에 뭔가 우스꽝스러운 부분이 없는지 생각해보자. 코미디언이 됐다는 생각으로 당신이 놓여 있는 상황을 웃음으로 훌훌 털어버리자. 심각하게 고민하는 것은 나중에 해도 상관없다.

◆ 자기 나름대로 주의, 주장을 갖고 있는 것은 상관없지만 주변 사람들이 주눅이 들 정도로 진지하게 그 주장을 펼쳐서는 안 된다. 뭔가를 열렬히 신봉하거나 진지하게 믿는 것이 나쁜 일은 아니다. 하지만 상대를 위압하는 말투로는 듣는 사람의 지지를 얻을 수 없다.

◆ 주변을 둘러보고 뭔가 즐거운 일, 기분전환이 될 만한 일, 웃음거리가 없는지 찾아보자. 일은 진지하게 해야 하지만 가끔 기분전환을 하면 보다 만족스럽고 훌륭한 결과를 얻을 수 있을 것이다.

◆ 모든 일에 진지하게 대처한다면 분명히 하루를 마쳤을 때 만족감과 성취감을 얻을 수 있을 것이다. 하지만 그것만으로는 행복한 시간을 한순간도 맛볼 수 없다.

쾌활한 마음은
마법을 일으킨다

$\bot\!\!\!\!\!\!\!-$

> "마음의 기쁨은 얼굴을 밝게 한다. 마음이 항상 잔칫날이다."
>
> ─ 구약성서 '잠언'

항상 부정적인 말만 하는 사람, "하지만"이나 "만약", "그래서 내가 뭐랬어?"와 같은 말을 버릇처럼 하는 사람, 자신의 고생과 불운에 대해 항상 불평만 늘어놓는 사람, 그런 사람과 사이좋게 지내고 싶다고 생각하는 사람은 없다. 반대로 무슨 일이든 밝은 면을 바라보는 사람 주변에는 자연스럽게 사람들이 모여든다.

인생이 밝고 기쁨으로 가득한 것이 아니라며 실망스런 얼굴을 하고 살아간다는 것은 정말 안타까운 일이다. 하지만 세상에는 삐뚤어진 것, 사악한 것, 불유쾌한 것밖에 눈에 들어오지 않는다는 사람이 존재한다. 이런 사람들은 아무리 훌륭한 악기를 손에 쥐고 있다고 하더라도 불협화음밖에 연주할 수 없다. 그들은 어딜 가든 슬픈 멜로디만 듣고, 항상 음울한 단조의 노래밖에 부르지 않는다. 그들이 그리는 그림은 항상 어둠으로 덮여 있다. 그들에게 명랑함과 쾌활함, 아름다움은 전혀 없으며 끝없이 비관적인 것에만 눈길을 돌린다. 항상 돈이 부족하고, 항상 시간에 쫓기고 있는 그들의 인생은 크게 성장하고 발전할 가능성이 전혀 없다.

예들 들어 휴가에서 돌아온 두 사람이 있다고 하자. 한 명은 휴가 중에 전혀 좋은 추억이 없이 그저 속기만 했다. 탐욕스러운 숙소 주인은 바가지를 씌우는데다 침실은 불결하고, 저녁식사 때 나온 고기는 쇠심줄처럼 질겼다. 그런데 또 다른 한 사람은 언제나 정직한 주인이 경영하는 싼 숙소를 발견해 전망이 좋은 방에 머물렀고 맛있는 식사도 할 수 있었다고 한다.

한 성당의 부제는 신도들의 집회 때 반드시 감사 기도를 올리는 것으로 잘 알려져 있었다. 이 부제의 인생은 모든 재난과 불운의 연속으로 가족과 집, 재산 등을 전부 잃었음에도 불구하고 언제나 밝고 낙천적으로 행동했다. 친구들이 부제에게 대체 뭘 감사드리는가 묻자 그는 이렇게 대답했다고 한다. "나는 모든 걸 잃었지만 여전히 두 개의 이가 남아 있다네. 그것도 위아래 하나씩! 이에 대해 신께 감사드리고 있네."

아무리 힘든 환경에 처해 있더라도 평안과 조화로 가득한 마음을 잊지 않는 이 부제와 같은 사람은 최고의 세련됨을 몸에 익히고 있는 사람이다. 우리는 쾌활한 마음을 가진 사람을 그 어떤 사람보다 사랑하고, 아무리 바쁘더라도 그런 사람들과 만나기를 바란다. 마음이 명랑한 사람은 마치 태양처럼 어딜 가더라도 환영받는다.

"밝은 마음은 푸른 하늘을 만든다."는 격언대로 틀림없이 마음이 밝을 때는 모든 게 빛나는 것처럼 보인다. 태양도, 꽃들도, 우리와 함께 기쁨을 나누고 있는 것처럼 보인다. 반대로 어둡고 침체된 기분일 때는 주변의 모든 것이 어둡게 느껴진다. 물론 실제로 자연은 그 어떤 것도 바뀐 게 없다. 마음가짐에 따라 모든 것이 놀랄 정도로 다르게 보이는 것이다. "마음의 벽에 음울한 그림을 걸어서는 안 된다. 음울하고 음침한 이야기를 입 밖으로 내서는 안 된다."고 에머슨은 말했다.

움츠러들지 말고 기운을 내자. 고민거리는 마음 밖으로 털어내고 그에 대해 생각하지 말도록 하자. 인생의 밝은 면만 보자. 단 한 방울의 윤활유로 '끼익'거리며 소음을 내는 톱니바퀴를 고칠 수 있듯이 한 줄기 태양빛으로 어둠의 그림자를 쫓아버릴 수 있다. 자신에게 훌륭한 재능을 준 것에 대해 감사하며 밝은 마음을 갖자. 빈곤, 불운 등 당신 앞에 어떤 재난이 기다리고 있든 간에 쾌활함과 긍정적인 인생관을 잃지 않는다면 진정한 의미의 실패는 없을 것이다. 가슴속의 희망이 사라지고 실의에 찬 음울한 표정밖에 지을 수 없게 됐을 때 사람은 더 이상 일어설 수 없게 된다.

잔소리만 해대는 불쾌한 사람과도 원만한 관계를 유지할 수 있는 능력을 몸에 익히자. 타인의 결점을 파헤치는 것을 천명이라고 여기고 있는 듯한 사람 앞에서 평정심을 유지할 수 있다는 것은 엄청난 재능이다. 진정한 인격자라면 누군가에게 비난당하더라도 명랑함과 차분함, 희망을 잃지 않는다.

어느 날 〈뉴욕 트리뷴〉 지의 기사에서 신랄한 비판을 당한 남성이 화를 참지 못하고 편집부에 쳐들어간 일이 있었다. 남자는 작은 사무실로 안내됐다. 그곳에서는 편집장인 호러스 그릴리가 서류에 파묻혀 뭔가 열심히 적고 있었다. "당신이 그릴리 편집장이야!"라고 남자가 소리쳤다. "그런데, 무슨 용건입니까?"라고 그릴리는 얼굴도 들지 않은 채 빠른 말로 대답했다. 화가 난 남자는 이성도 품격도 다 집어 던지고 욕을 퍼붓기 시작했다. 하지만 그릴리는 얼굴색 하나 바꾸지 않은 채 남자를 완전히 무시하고 맹렬한 속도로 손을 움직이고만 있었다. 20분 정도 온갖 욕설을 퍼붓다가 지쳐 발길을 돌려 나가려 했다. 그때서야 그릴리는 얼굴을 들고 일어서 남자의 어깨를 가볍게 두드리며 친근한 말투로 이렇게 말했다. "잠깐만요! 여기 앉아서 생각하고 있던 걸 다 이야기해주세요. 아마 기분이 좀 풀리실 겁니다. 그리고 제가 기사를 쓰는 데 참고도 될 겁니다."

당신은 힘들고 초라한 인생을 보내고 있는가? 아니면 사소한 문제에 마음의 평정심을 잃지 않고 삶을 즐기고 있는가? 벌이 어떤 꽃에서나 꿀을 모으듯이 모든 경험을 즐기는 습관을 몸에 익히자. 그러면 틀림없이 만나게 되는 모든 사람들에게서, 무언가 인생을 윤택하게 해주는 것, 유익한 것을 얻을 수 있을 것이다. 어떤 경험이라도 반드시 당신에게 도움이 될 것이다.

한 비즈니스맨은 자신의 경험에 대해 이렇게 말해주었다.

"어느 날, 일을 하러 가면서 앞으로는 무슨 일이든 긍정적으로 생각하기로 결심했습니다. 이전에는 항상 어둡고 풀이 죽어 있었으니까요……. 저는 자신에게 이렇게 다짐했습니다. '행복한 기분일 때는 항상 얼굴 표정까지 밝아진다. 그러니 모든 일을 긍정적으로 생각하면 나뿐만이 아니라 주변 사람들도 바뀔 수 있지 않을까.' 내 마음속의 호기심이 머리를 자극했습니다. 저는 더욱 결심을 굳게 하고 길을 걸으면서 나는 행복하다, 아무런 불만 없이 살고 있다는 생각을 끊임없이 했습니다. 그러자 놀랍게도 마음이 밝아지면서 허리까지 꼿꼿해지고 발걸음이 가벼워졌습니다. 마치 하늘을 걷는 듯한 기분이었습니다. 자연스럽게 입가에 웃음이 피어오르는 걸 몇 번이고 억지로 참았습니다. 그런데 지나치는 사람들은 모두 고민과 불안으로 가득한 어두운 표정을 하고 있었습니다. 자신의 마음속에 있는 태양을 조금씩 나눠주고 싶다는 생각이 들었습니다. 회사에 도착해 총무부 담당과 가볍게 이야기를 나누었습니다. 원래는 그런 성격이 아니라 전혀 그런 일이 없었지만요……. 하지만 덕분에 그녀에게도 저의 즐거운 마음이 전해졌는지 두 사람 다 기분 좋게 일을 시작할 수 있었습니다. 저희 사장님은 너무 바빠서 항상 일로 머리가 꽉 차 있습니다. 저는 평소 자신의 일에 대해 사장님에게 뭔가 잔소리를 들으면 신경이 예민한 탓에 하루 종일 신경이 쓰였습니다. 하지만 그날은 무슨 일이 있더라도 밝은 기분을 유지하자고 결심했기 때문에 사장님을 대할 때도 씩씩하게 대했습니다. 그러자 사장님의 표정도 풀리고 훨씬 이야기하기가 쉬워졌습니다. 저는 이런 식으로 온종일 내 주변 사람들이 밝은 기분으로 보낼 수 있도록 노력했습니다. 하숙집에 돌아가서도 마찬가지로 행동했습니다. 그러자 하숙집 식구들과—지금까지는 왠지 서먹하고 배려심이 없는 것처럼 보였지만— 의외로 마음이 통해 친구로 지낼 수 있다는 걸 깨달았습니다. 제가 문제의 원인이 되는 것을 멀리하면 상대가 먼저 다가오는 법인 듯합니다.

따라서 만약 자신의 환경에 불만이 있다면 우물쭈물하지 말고 스스로 이렇게 다짐하면 됩니다. '모든 일이 자신의 생각대로 되지 않는다고 해도, 적어도 남에게 도움이 되도록 만나는 모든 사람에게 밝은 기분을 나눠주자.' 그러면 당신 주변에 점점 행복의 꽃이 퍼져 친구와 동료들의 사랑을 받게 될 것입니다."

행복을 가져다주는 마법을 몸에 익히면 그 무엇보다도 깊은 만족감을 얻을 수 있다. 이 마법을 쓰면 추한 것이 아름답게 변하고, 복잡한 글이 시로, 불협화음이 멜로디로 변한다. 세상에는 돈에 굶주리기보다 사랑과 배려, 격려에 굶주린 사람들이 훨씬 많다. 행복의 마법을 쓰면 이런 사람들에게 언제나 힘을 실어줄 수 있다. 다음과 같은 말을 남긴 선인이 있다. "행복, 웃음, 기쁨. 거리에 장미 꽃잎을 뿌리듯 가는 곳마다 이런 것들을 뿌리자. 악의로 가득한 장소에 조언대신 이런 것들을 두고 오자. 증오와 어리석음과 교환하고 오자. 거리에서 만난 사람들과 동료, 병든 사람과 실의에 빠진 사람, 사랑하는 사람들에게 행복과 웃음이라는 기쁨을 선사하자. 어떤 상황, 어떤 장소라도 세상의 얼어붙은 거리와 차갑게 식어버린 난로를 따뜻하게 데우는 것이다."

모든 좌절을 콧방귀로 날리고, 재난을 웃음으로 날려버릴 정도의 쾌활함은 신께서 주신 소중한 재능이다. 고뇌와 곤란을 웃어넘길 수 있는 능력은 솔로몬 왕의 보물과 맞먹는 재산이다. 그리고 그 재산은 손만 뻗으면 누구나 쉽게 손에 넣을 수 있는 것이다.

◆ 항상 밝은 기분으로 지내도록 하자. 어딜 가더라도, 뭘 하더라도 그런 기분을 잊어서는 안 된다. 쾌활함은 인생의 슬픔을 중화시켜준다.

◆ 태양이 가리킨 시간만 알려주는 해시계처럼 밝은 생각만을 가슴에 새기자.

◆ 좋은 것은 나쁜 것을 다가오지 못하게 한다. 숭고한 것은 저속한 것을 제압하고, 고매한 목표와 깊은 애정은 얄팍하고 비열한 것을 막는다. 이 점을 잊어서는 안 된다.

◆ 어떤 경험이라 할지라도 누군가에게는 도움이 되는 법이다. 즐거운 경험에만 국한된 것이 아니라 어떤 상황에서나 무언가를 배울 수 있다. 어떤 경험 속에서나 뭔가 밝은 기분이 될 수 있는 것, 밝아질 기회를 찾자.

◆ 매일 아침, 욕실의 거울 앞에서 잠시 걸음을 멈춰 서자. 그리고 오늘을 밝게 보낼 수 있는지는 거울 속의 바로 자신에게 달렸다고 다짐하자.

즐거운 마음으로
잠자리에 들자

⌐

"평온하게 누우면 나는 곧바로 잠이 든다."

—구약성서 '시편' 제4장 8절

많은 사람들이 사막에서 쉬고 있는 낙타처럼 등에 짐을 짊어진 채 잠자리에 든다. 무거운 짐을 내려놓는 방법을 모르는 그들의 마음은 잠든 사이에도 계속해서 일하고 있다. 그 옛날 미국 인디언들 사이에서는 활이 늘어지지 않도록 쓰지 않을 때는 반드시 줄을 풀어놓는 습관이 있었다고 한다. 만약 당신이 한밤중에 이것저것 고민하며 정신이 긴장한 상태로 있는 일이 많다면 침실에 활 한 자루를 놓고 매일 밤 잠들기 전에 활의 줄을 풀어놓도록 하라. 그리고 마음도 활처럼 탄력을 유지하기 위해서는 긴장을 풀 필요가 있다고 자신에게 말을 하자.

세상에는 밤만 되면 걱정거리 때문에 잠을 못 이루는 사람이 많다. 그런 사람들은 이불 속에 들어간 다음 항상 자신의 고민과 문제에 대해 생각하는 버릇이 생긴 것이다. 이 습관을 고치기는 매우 어렵다. 실제로 그들은 긴 밤을 잠 못 이룬 채 보내는 것이 힘겨워 결국 잠자리에 드는 걸 두려워하게 된다. 그리고 낮에 일할 때와 같은 에너지를 밤사이 써버리고 마는 것이다. 밤에는 상상력이 풍부해지기 때문에 경제적인 문제 등은 특히 사실 이상으로 심각하게 여겨진다. 조용한 어둠 속에서는 낮에 있었던 불쾌한 사건들이 실제보다 훨씬 참기 힘들게 느껴진다. 평소 낙관적인 사람도 밤에는 약간 부정적인 경향을 띤다.

　건강을 지키고 싶다면 잠자리에 들기 직전에 일에서의 트러블이나 마음을 어지럽히는 문제를 입에 담아서는 안 된다. 잠들기 전에 생각했던 것들이 잠이 든 뒤에도 신경에 영향을 끼치기 때문이다. 잠들기 전에 보고 들은 것이 꿈에 나온 경험을 누구나 한두 번쯤은 해봤을 것이다. 잠들기 전에 들은 노래의 한 구절이 들리기도 하고 영화나 TV의 한 장면이 보기도 한다. 이처럼 잠들기 전에 일어난 일은 사람의 마음에 강렬한 인상을 남긴다. 따라서 화가 난 채, 혹은 기분이 좋지 않은 채 잠들어서는 안 된다. 마음이 어지러우면 활력과 용기를 잃게 돼 수명도 줄어든다. 우리의 이 소중한 인생을 심신에 아무런 도움이 되지 않는 고민으로 낭비해서는 안 된다. 잠자리에 들기 전에는 아무리 시간이 많이 걸리더라도 마음을 평온하게 진정시키고, 미소를 지으며 잠자리에 들 수 있도록 하자. 일을 마치면 컴퓨터의 전원을 끄고 돌아가듯이 하루를 끝마칠 때는 머릿속 스위치를 끄지 않으면 안 된다.

인간은 밤사이 젊어진다고 하지만 개중에는 밤사이 낮 이상으로 늙어버리는 사람도 있다. 낮 동안에는 바빠서 업무상의 문제나 개인적 고민, 자신의 병과 불행에 대해 천천히 생각할 시간이 없지만 밤이 되면 마음을 어지럽히는 생각들이 하나둘 생각나면서 공포에 질리게 된다. 그렇지 않아도 당신은 낮 동안 많은 사람을 적으로 돌리고, 온갖 자극을 받아 사람들에게 화가 나 있다. 눈앞에서 자극이 사라진 밤까지 그런 흥분상태를 끌고 간다면 신경이 닳아버려 건강을 해치고 말 것이다. 적어도 하루에 한 번은 평온한 마음으로 지내자. 잠들기 전에 행복과 성공을 저지하는 모든 적을 마음에서 쫓아버리고, 모든 것을 잊고, 용서하는 습관을 몸에 익히는 것은 아주 중요하다. 산뜻한 기분으로 눈을 뜨고 싶다면 밝고 행복한 기분, 관대한 마음으로 잠자리에 들지 않으면 안 된다.

　　아무리 낮 동안 누군가에게 감정적으로 대하고, 어리석은 행동을 하거나 쌀쌀맞은 태도를 취했다 하더라도, 악의와 질투로 가득한 볼썽사나운 태도를 보였다 하더라도, 밤 동안에 모든 것을 청산하고 다시 새로운 하루를 시작하면 된다. 바오로가 에페소스 사람에게 말한 "화를 내일까지 가져가지 마라."고 한 가르침을 실천하자. 매일 밤 잠들기 전에 행복의 적을 마음에서 전부 몰아낸다면 악몽에 시달리지 않고 편안히 잠들고 다음날 아침 상쾌하게 눈을 뜰 수 있을 것이다. 아무리 피곤하더라도, 아무리 바쁘더라도, 나쁜 인상과 불쾌한 경험, 비정한 생각이나 질투, 이기심 등을 모두 마음에서 지워버리고 잠자리에 들자. 침실 여기저기에 '조화', '기쁨',

'활력 넘치는 삶에 대한 선의'와 같은 문구들이 빛나는 글자로 적혀 있는 모습을 상상해보면 좋을 것이다. 그래도 마음을 고통스럽게 하는 생각이 사라지지 않는다면 마음을 편안하게 해 줄 책—고민을 없애주고 행복한 기분을 가져다주는 책, 인생의 진정한 위대함과 아름다움을 가르쳐주는 책, 자신의 좁은 아량을 부끄럽게 여기게 해주는 책—을 읽어보자. 이런 습관이 몸에 밴다면 순식간에 기분전환이 돼 온화한 기분으로 잠에 들게 될 것이다.

잠들기 전에 마음을 차분히 가라앉히는 이 방법으로 인생이 완전히 바뀌어 버린 사람은 수도 없이 많다. 이런 사람들은 원래 항상 피로에 찌들어 미래를 고민하고, 모든 불안을 끌어안은 채 잠자리에 드는 습관이 있었다. 업무상의 문제나 생활상의 고민, 자신의 과오에 대해, 밤늦게 아내(혹은 남편)에게 상담하였다. 때문에 마음이 어지러운 상태로 잠자리에 들고 우울과 어둠 속에서 증폭된 무시무시한 이미지가 가슴속 깊이 새겨져 아침에 일어났을 때는 신선한 희망과 결의를 가지고 새로운 하루를 시작하기는커녕 초췌하고 피로에 찌든 모습이었다.

사람은 잠들기 전의 마음가짐에 따라 성공과 행복으로 이어지는 멋진 가능성을 손에 넣을 수도 있다. 잠자리에 들기 전에 마음을 진정시키고 자신의 이상적 모습—어떤 사람이 되고 싶은가, 무엇을 이루고 싶은가—을 가능한 한 생생하게 연상해보자. 자신으로서는 어떻게 해볼 수도 없는 문제에 대해 이래저래 고민하는 것은 그만두고 대신에 매일 밤, 바람직한 자신의 모습을 연상하는 것이다. 그러면 자아의 불가사의한 작용으로 인해 당신은 그 이념에 다가갈 수 있게 될 것이다. 자아가 가진 신경작용, 자아가 만들어내는 창조력, 회복력에는 인생의 위대한 신비가 감춰져 있다. 그런 자아의 힘을 발견할 수 있는 사람은 행복하다.

하지만 결국 무엇보다 중요한 것은 되도록이면 밝고 행복한 마음으로 잠자리에 드는 것이다. "아아 잠이여, 사람들은 그대를 고뇌를 치유하는 벗이라 부른다. 하지만 그대를 그렇게 부를 수 있는 자는 행복하다."고 영국의 시인 로버트 사우디는 노래했다. 마음을 치유하여 상쾌한 아침을 맞이할 수 있도록 사랑과 배려와 같은 고상한 마음을 가슴에 품고 잠자리에 들자. 그리고 그러기 위해 가장 좋은 수단, 매일 밤 즐거운 마음으로 잠들기 위한 가장 확실한 방법은 결국 낮 시간을 가능한 한 행복하게 보내는 것이다.

◆ 밤에는 취미 등, 즐거운 일을 하면서 마음을 재충전하자. 일을 할 때와 마찬가지로 열심히 취미에 취해 즐거운 시간을 보내자. 그러면 깊은 잠에 들 수 있어 활력과 기운을 되찾고 새로운 마음으로 내일을 맞이할 수 있을 것이다.

◆ 잠들기 전에 마음을 어지럽히는 생각에 빠졌다면 마음을 진정시키자. 방의 불을 끄고 천천히 심호흡을 해보자. '하나'라고 말하면서 숨을 들이마시고 '둘'하며 숨을 내뱉자. 이런 식으로 열까지 세고(소리를 내도 좋고 가슴속으로 중얼거려도 상관없다) 다시 하나부터 반복해보자. 잠자리에 누워 어두운 방에서 조용한 음악을 듣는 것도 좋다.

◆ 숙면을 취할 수 있도록 잠들기 전부터 확실하게 준비하자. 잠자리에서 떠오를 것 같은 걱정거리를 미리 없애는 것이 좋다. 밤이 너무 깊어지기 전에 목록을 작성하자(오늘 찜찜하게 헤어진 직장 동료와 이야기를 나누는 등). 그리고 당신에게 부당한 행동을 한 사람들을 모두 용서하고 동시에 자기 자신의 잘못(부끄러운 일, 자신에게 실망한 일 등)도 용서하자. 친구나 연인과 싸웠다면 그 날 안에 화해를 하자. (만약 신경이 쓰인다면) 내일 입을 옷을 미리 준비해 두고 자자. 내일 아침 찾아 헤매지 않아도 되게, 다음 날 회사에 가져 갈 것들을 현관 옆의 테이블 위에 놓자. 중요한 건 아무 것도 신경 쓰지 않고 편안하게 잠들 수 있게 미리 준비하는 것이 좋다. 마음을 어지럽히는 문제는 모두 해결하고 잠들기 한 시간 전에는 복잡한 일을 모두 잊어버리자. 그리고 조용한 음악을 듣거나, 책이나 잡지를 읽으면서 재충전하자.

행복을 부르는 습관 3

낙관적이
되자

"낙관주의자는 도넛을 보지만 비관주의자는 구멍을 본다."

—맥랜버흐 윌슨

19세기의 위대한 전도사 드와이트 무디는 어느 날, 자신이 설립한 노트필드 신학교 학생들에게 가장 훌륭한 생각을 발표한 사람에게 500달러를 주겠다는 제안을 했다. 상금을 탄 사람은 다음과 같이 말한 소녀였다고 한다. "장미에는 가시가 있다고 모두가 불평을 합니다. 하지만 오히려 가시와 함께 장미를 내려주신 신께 감사해야 하지 않을까요?"

낙관주의는 훌륭한 신조이며 무엇보다도 뛰어난 인생철학이다. 낙관적인 사고방식만큼 인생에 많은 것을 가져다주는 습관도 없다. 언제나 밝고 긍정적인 사고방식, 일이되었든 사람이되었든 모든 것의 장점에 눈길을 줄 수 있다는 것은 말로 표현할 수 없을 만큼 소중한 자질이다. 낙관주의는 우리가 걷는 길을 밝게 비춰 준다.

고통과 괴로운 일을 포함해 세상을 있는 그대로 받아들이려고 한다면 우리는 이미 반 이상 승리한 것이다.

어느 날 농부의 아들이 아버지 짐에게 "아버지, 낙관주의자란 게 뭐죠?"라고 물었다.

"그야, 나는 아는 게 별로 없어서 사전에 뭐라 쓰여 있는지는 모르겠지만 그게 무슨 뜻인지 설명은 할 수 있다. 너, 헨리 삼촌 기억하고 있니? 낙관주의자라는 게 이 세상에 있다면 바로 그 삼촌을 말하는 것일 게다."라고 아버지가 대답했다.

"삼촌에게는 싫은 일이란 게 전혀 없어. 아무리 힘든 일이라도 마치 너무 즐겁다는 듯이 해치우지. 예를 들어 뙤약볕 아래서 옥수숫대를 뽑을 때도……. 그렇게 사람을 지치게 하는 일도 없지. 하지만 내가 좀 지치기만 해도 헨리 삼촌은 나를 보고 이렇게 말했지. '됐어, 이 두 고랑을 뽑아내고 나머지 열여덟 고랑만 뽑으면 이 밭의 반은 끝난 거야!' 너무 기쁘게 말해서 나까지 이곳만 다 끝내고 나면 나머지는 쉽게 끝낼 수 있을 것 같은 기분이 들 정도였지. 그리고 가장 힘든 일은 돌 줍는 작업이란다. 돌 줍기에 비하면 옥수숫대 뽑기는 장난이야. 밭에 뭔가를 심으려면 일단 돌 줍기를 먼저 해야 돼. 급한 일이 없으면 항상 돌을 주워야 하지. 헌데 헨리 삼촌은 돌 줍는 일만큼 세상에서 재미있는 일도 없다고 한다. 헨리 삼촌은 돌 줍기를 다른 사람과는 전혀 다르게 생각하고 있어. 어느 날, 옥수숫대는 다 뽑았고 풀베기에는 이른 시기여서 네 할아버지가 서쪽 밭의 돌을 주우라고 했지. 나는 눈물이 핑 돌 정도였지만 삼촌은 이렇게 말했지. '가자, 짐. 금괴가 굴러다니는 곳을 가르쳐줄게.' 놀랍게도 삼촌은 밭을 금광에 비유했고, 금맥 찾기 게임을 하자고 했지. 정말로 캘리포니아에서 금을 찾는 것처럼 즐거웠지. 삼촌은 마지막으로 이런 말을 했어. '이 금괴는 다른 보석과 달리 손에 가지고 있으면 안 돼. 전부 버려야 부자가 될 수 있는 거야.' 나는 그 규칙은 맘에 들지 않았지만 일단 일을 한 게 아니라 놀이를 할 수 있었고, 그 밭에는 돌이 완전히 없어졌단다. 그러니까 아까 말한 것처럼 사전에 적혀 있는 말의 의미는 잘 모르겠지만 나는 헨리 삼촌 같은 사람을 낙관주의자라고 부른다고 생각한다."

낙관적인 마음은 마치 프리즘처럼 그저 평범한 빛을 무지개로 바꿔준다.

"어떤 사람에게는 황량하고 재미없어 보이는 세상도 다른 사람에게 있어서는 풍요롭고 흥미로운, 여러 가지 의미로 가득하다."고 철학자 쇼펜하우어는 말했다.

이 세상에는 밝은 사람, 따뜻한 햇볕을 가져다주는 사람, 추하고 왜곡된 것에서 눈을 돌리고, 세상의 아름다운 빛을 발견하는 사람이 필요하다. 밝은 마음은 끝없는 풍요로움으로 넘치고 있다. 자신의 능력을 최대한으로 살리기 위해서는 마음의 태양을 잊지 말고 진실과 아름다움, 밝은 마음으로 가슴을 채워야 한다. 당신의 마음을 어지럽히는 것, 초라한 마음이 들게 하는 것, 당신의 자유를 막고 불안에 빠지게 하는 모든 것을 묻어버리자. 그런 마음에 당신이 휩쓸리기 전에…….

앞으로 1년 동안 가능한 밝게 행동하자. 그러면 분명히 인생 전체가 확 달라질 것이다. 지금 좋지 않은 관계에 있는 사람이 자연스럽게 당신에게 끌려오고, 당신 자신도 지금까지 차갑게 대했던 사람을 부드럽게 대할 수 있게 될 것이다. 지구상의 모든 생명은 태양이 전해주는 에너지의 힘을 빌려 살고 있다. 하지만 어둠 속에는 생명도 희망도 없다.

런던에서 개최된 원예 경연대회에서 낯빛이 좋지 않은 병약한 소녀가 우승한 일이 있었다. 그녀는 마을 동쪽의 좁고 어두운 동네에 살고 있었다. 그렇게 어두침침한 곳에서 어떻게 이런 훌륭한 꽃을 키울 수 있었느냐는 심사위원들의 질문에 소녀는 이렇게 대답했다. "우리 동네에도 한 줄기 빛이 비추고 있습니다. 저는 매일 아침, 해가 뜨면 빛이 비치는 곳에 꽃을 놓고 하루 종일 태양의 움직임에 따라 꽃을 움직여줬습니다."

기쁨에 넘친 밝은 마음은 더 없는 보석이며 언제나 태양처럼 빛나는 얼굴은 영원히 축복해야 할 하늘의 은혜다. 개중에는 스스로 만들어 낸 지옥 속에 살면서 여기는 어둡고 마음이 편치 않다고 불평만 늘어놓는 사람도 있다. 하지만 자신이 사는 장소를 만들고, 환경을 만드는 것은 그 누구도 아닌 바로 자기 자신이다. 우리가 살고 있는 세상에는 우리의 내면이 투영돼 있다. 세상 전체가 소박한 미술관, 소리를 반사시키는 콘서트장과 같은 곳으로 우리가 쏟아내는 불만과 칭찬은 모두 자기 자신에게 되돌아오는 것이다. 이 세상은 마치 거울처럼 그 앞에 선 자의 얼굴을 비춰준다. "오늘의 나는 어떤 모습을 하고 있을까?"라고 자신의 내면에 물어보자. 오늘이라는 날이 우울한 하루가 될지, 행복한 하루가 될지가 그 대답에 달려 있기 때문이다.

오늘부터 당장 할 수 있는 일

◆ 온종일 낙관적인 기분으로 지내자. '세상물정 모르는 어린애도 아니고, 인생은 장밋빛이 아니야…….'라고 말하지 말고 오늘 하루만 낙관주의자가 되어보자. 모든 경험을 긍정적으로 받아들여보자. 하루가 끝날 무렵 되돌아보면 낙관적으로 지낸 덕분에 오늘은 어제보다 인생이 조금은 밝아진 느낌이 들지 않을까? 만약 그렇다면 내일부터 어떻게 해야 할지를 생각해보자. 지금까지와 똑같이 살 것인지, 아니면 낙관적인 관점으로 세상을 바라볼것인지, 어느 쪽을 선택해야 할까?

◆ 우리가 평소 아무 생각 없이 내뱉는 말 속에는 사물의 나쁜 면만 보도록 암시하는 것들이 많다. 예를 들어 "나쁜 일은 세 번 연속적으로 일어난다."라고 하지만 좋은 일이 세 번 연속적으로 일어나는 경우도 있을 수 있지 않은가? "내리기만 하면 홍수"라고 하는데 어째서 "내리면 반드시 꽃이 자란다."고 하지 않는 걸까? 비관적인 말들을 찾아 반대 의미로 바꿔 보자. 그러면 우리가 세상과 자기 자신을, 자신도 모르는 사이 얼마나 비관적으로 받아들이고 있었는지 깨닫고 깜짝 놀랄 것이다. 또한 그것을 긍정적인 표현으로 바꿈으로써 익숙했던 세상이 전혀 다르게 보인다는 신선함에 깜짝 놀라게 될 것이다.

◆ 하기 싫어서 뒤로 미뤄뒀던 일들을 즐거운 모험으로 바꿔보자. 예를 들어 당신은 귀찮다고 해서 집안 청소나 직장의 책상 정리를 뒤로 미루고 있지는 않은지? 책상을 깔끔하게 정리하기 위해서는 서류더미 속 어딘가에 수표가 감춰져 있다고 생각하자. 그 수표를 찾아내겠다는 생각으로 순서대로 서류를 정리해 나가며 파일로 정리할 것과 버릴 것을 나누면 된다(책상을 다 정리했지만 결국 수표가 나오지 않았다 할지라도 놀이 감각은 잊지 말 것).

가정은
기쁨의 원천

"마을 집들의 지붕에서는 평화와 만족의 거처라고 말하고 싶은, 수많은 굴뚝에서 희뿌연 연기가 마치 향을 피운 것처럼 줄지어 나부끼고 있었다. ……여기서는 부자도 가난했고, 가난한 자도 안락했다."

―롱펠로

행복을 손에 넣는 데 돈은 필요 없다. 그와 마찬가지로 재산이 없더라도 누구나 가정을 꾸릴 수 있다. 분명 돈이 있다면 집을 사고 가구를 살 수 있다. 하지만 제아무리 많은 돈을 가지고도 가정을 살 수는 없다. 애정과 헌신, 배려와 안락함이 있어야 벽돌과 시멘트로 만든 집이라는 도구가 애정이 흘러넘치는 가정으로 바뀌는 것이다.

나는 지금까지 이상적인 가정, 현명함과 안락함, 조화로 어우러진 행복한 가정을 수도 없이 봐 왔지만 그 중에는 가난한 집도 상당히 많았다. 바닥에 고급 카펫이 깔려 있지도 않고, 벽에 멋진 그림이 걸려있지도 않았다. 피아노도 없고, 서재도 없고, 미술품도 없었다. 그래도 그곳에는 이기심을 내세우지 않고 가족 각자가 모두의 행복을 위해 노력해서 힘든 환경을 지혜와 배려로 채우려 노력하는 사람들의 충만한 생활이 있었다. 집을 가정으로 바꾸는 중요한 비결은 겉모습이 아니라 내면에 있다. 집이라는 건물을 가정으로 바꾸는 것은 손질이 잘된 정원, 멋진 설계, 아름다운 채색, 고급 자동차와 같은 외관적 요소가 아니다. 이런 것들은 단순한 재산에 불과하며 화목한 가정생활의 필수조건은 아니다. 훌륭한 건물을 살기 좋은 가정으로 만드는 것은 그곳에 사는 사람들의 따뜻한 마음이다. 하지만 아쉽게도 실제로는 그런 따뜻함이 전혀 보이지 않아 겉모습만 번지르르한 경우가 많다.

예를 들어 한 판사는 이혼을 하고 싶다며 그를 찾아온 여성의 대부분이, 남편이 일 때문에 자신과 가정을 돌보지 않는다는 이유를 들었다고 한다. 1년 내내 일로 머리가 꽉 차 집에서는 항상 인상만 쓰는 남자와는, 설령 천사라해도 원만한 가정생활을 영위할 수 없을 것이라고들 했다는 것이다.

분명히 세상에는, 직장에서는 밝은 표정으로 사람들을 대하지만 집에 돌아온 순간 인상을 쓰며 화를 내는 사람도 있다. 자신은 이 집의 가장이니 집에서는 맘껏 불만을 털어놓아도 상관없다고 생각하는 걸까? 이런 사람들은 낮에 마음을 불편하게 한 일이 있으면 그걸 보상받기라도 하겠다는 듯 가족들에게 거친 행동을 취하곤 한다.

밖에서는 자신의 좋은 모습만 보여주고 슬픔, 우울함, 음기는 가족들에게 퍼붓는다. 이러니 가족들에게는 불필요한 존재로밖에 여겨지지 않는다. 그들은 집에 돌아오면 사랑하는 가족들에게 사사건건 화를 낸다. "어서 오세요."라고 맞이하는 가족들에게 짜증스런 말투로 대답하고 아내와 아이들을 제쳐두고 서둘러 책이나 신문 뒤로 몸을 감춰버린다. 그러면서 어째서 집에 돌아오면 마음이 불편한지, 아내는 왜 자신을 소중하게 여기지 않는지, 아이들은 왜 웃는 얼굴로 맞이해주지 않는지 불만스럽게 생각한다.

가족에게 따뜻한 가족애를 원한다면 자신이 먼저 배려하는 마음으로 가족과 접하지 않으면 안 된다. 가족이란 서로 나눔으로써 행복을 얻을 수 있는 법이다. 항상 받으려고만 해서는 안 된다. 항상 우울하고 화난 모습을 하고 있으면서 상대의 배려를 요구할 수는 없다. 가정이란 투자와 같아서 당신이 많은 것을 쏟아 부을수록 많은 보상을 받을 수 있다. 아까워하며 아주 적은 투자만 해서는 애정과 평안, 행복이라는 배당도 적을 수밖에 없다. 가정에 행복의 씨앗을 뿌리지 않으면 행복이라는 결실을 얻을 수 없다.

당신은 지금까지 가족으로부터 애정과 격려, 평안을 얻기 위해 얼마나 노력하였는가? 집에 돌아와서도 일로 머릿속이 꽉 차 있다면 아이들도 애정을 표시해주지 않는 부모를 따르기보다는 혼자 노는 게 낫다고 생각할 것이다. "잘 자라."는 한마디 이외에 다른 말을 하지 않는다면 어떻게 부모를 좋아하겠는가?

일이 아무리 잘 풀리지 않더라도 일에 대한 고민을 집에까지 가져가 가족들이 어떻게 할 수 없는 문제를 가지고 그들을 힘들게 해서는 안 된다. 그렇게 함으로써 당신은 그 고민을 해결하기 위해 필요한 정력과 에너지를 낭비하고 마는 것이다. 그렇다고 해서 가족들에게 업무에 관한 이야기를 하지 말라는 것은 아니다. 오히려 서로 일에 대해 이야기를 나누며 항상 상대에게 자신의 상황을 알릴 필요가 있다. 실제로 사업이 잘 풀리지 않는다는 것, 지금은 경제적으로 힘들어 여유가 없다는 것을 상대에게 밝히지 않아 힘든 상황에 처하게 된 사람들이 세상에는 아주 많다. 아내(혹은 남편)에게 자신의 상황에 대해 알리면 상대도 가족으로서 어떻게 도울지 생각하고 당신의 고민을 덜어줄 것이다. 생활비를 조절해 당신의 불안한 마음을 안정시켜줄지도 모르고, 당신이 그 어느 때보다도 심적 위안을 필요로 할 때 따뜻한 배려를 해서 다음 날 아침 활기차게 출근할 수 있도록 격려를 해줄지도 모른다. 가정을, 당신과 가족이 언제나 돌아가고 싶어 하는 장소, 그곳에서 벗어나고 싶지 않다고 느끼는 장소로 만들 수 있게 최선을 다하자.

행복한 가정을 만들기 위한 최대의 비결은 자신의 마음을 솔직하게 전하는 것이다. 주영 미국 대사였던 조셉 H. 초트는 어느 날 디너파티에서 "만약 지금의 자신이 아니라 다른 사람이 될 수 있다면 누가 되고 싶은가?"라는 질문을 받았다. 초트는 잠시 망설이며 동서고금의 위인들을 떠올린 뒤 테이블 맞은편에서 자신을 바라보고 있던 아내를 바라보며 이렇게 대답했다. "만약 나 외의 다른 사람이 될 수 있다면 초트 부인의 두 번째 남편이 되고 싶습니다."

하지만 실제로는 결혼과 동시에 로맨스도 끝나버리는 경우가 많다. 사람은 잡은 고기에는 흥미를 잃어버리고 마는 것일까? 나는 남편이 아내를(혹은 아내가 남편을) 반려자가 아닌 하인이나 종업원처럼 취급하는 모습을 수도 없이 봐왔다. 상대가 머리가 아프다거나 기분이 울적하다고 호소해도 동정은커녕 화를 내며 신랄하게 비판을 하는 것이다. 대부분의 사람은 결혼 생활이 생각처럼 달콤한 것이 아니라는 사실을 깨닫는 순간 태도가 확 변해버린다. 세상의 커플들은 연인 사이일 때는 "우리는 절대 싸우지 않을 거야."라고 생각한다. 하지만 실제로 결혼해보면 서로 맞지 않는 부분이 드러나게 된다. 그래도 두 사람이 서로 결혼 서약을 존중하고, 상대의 장점을 잊지 않고, 서로가 다가가려고 노력한다면 큰 문제는 발생하지 않는다. 원만하게 살기 위해서는 단 한가지 규칙만 지키면 된다. 그 규칙이란 "화해를 하고 잠자리에 들 것."이다. 만약 상대에게 상처를 입혔다면 잠자리에 들기 전에 자신의 잘못을 인정하고 솔직하게 용서를 구하자. 화를 다음 날까지 연장해서는 안 된다.

"1년 뒤에 반려자가 죽는다는 걸 알고 있다면, 당신은 남은 12개월을 어떻게 보내겠는가?"라고 시인 엘라 휠러 윌콕스는 물었다. "사소한 일에 화를 내며, 식사 준비가 늦었다고, 약속시간과 장소를 틀렸다고 해서 상대의 마음에 상처를 주고, 평생 함께하기로 한 상대를 고통스럽게 하고, 화나게 해서 적으로 돌릴 수 있겠는가? 아마 그렇게 하지는 못할 것이다. 익숙했던 상대의 모습을 영원히 볼 수 없게 되고 목소리를 두 번 다시 들을 수 없게 될 것이라는 생각이 들어 넓은 아량으로 상대를 받아들이고 부드럽게 대하게 될 것이다. 상대의 좋은 점만 눈에 들어오고 연애할 때의 즐거운 기억이 속속 마음속에 되살아나 예전처럼 약간의 결점은 눈에 거슬리지 않게 될 것이다. 그만큼의 애정과 배려, 관용을 어째서 평생을 함께할 사람에게 표현하지 않는 걸까? 원래는 결혼과 동시에 새로운 로맨스가 시작돼야 하는 것을……."

너무도 많은 가정에서 아내는 남편이 자신에게 해주는 것 이상으로 상대를 위해 노력하고 있다. 그리고 언젠가는 자신의 사랑을 깨닫게 될 것이라고 허무한 기대를 하며 깨져가는 관계를 필사적으로 붙잡고 있다. 남자는 자신의 벌이가 아내보다 많다는 이유로 자신이 더 높은 위치에 있다고 생각하기 쉽다. 마치 돈을 많이 버는 것이 위대한 인간이라고 말하기라도 하듯이……. 하지만 실제로는 아내의 도움이 있었기에 지금의 성공도 있는 것이다. 집안일과 주변의 인간관계를 탈 없이 이어가며 남편이 활기차게 일할 수 있도록 건강을 살피고, 고민하고 있을 때나 풀이 죽어 있을 때는 곁에서 위로해 주는, 이런 아내가 없었다면 당신은 지금 같은 수입을 올릴 수 없었을지도 모른다.

나는 아무것도 바라지 않고, 아무런 평가도 받지 못하고 있지만 실제로는 남편의 성공을 곁에서 도와준 여성을 많이 알고 있다. "남자에게 있어서 결혼은 인생의 한 조각 에피소드에 불과하지만 여자에게 있어서는 인생을 바꾸는 일대 사건이다."라고 말한 사람이 있다. 대부분의 남성은 아내에게 상대가 느끼는 것만큼 강한 애정을 느끼지 않는다. 아내는 헌신적인 사랑으로 남편의 결점을 눈 감아주는 경우가 많지만 남편은 자기중심적이고 독점하려는 욕심 이 강하다. 여성은 대부분의 경우 이기심을 버리고 변하지 않는 애 정표현을 하며 남자와 달리 상대가 매력적이든 아니든 간에 크게 신경 쓰지 않고 남편을 위해 헌신한다.

여성은 보통 결혼을 하고 나면 처녀 때만큼 몸치장을 하지 않게 된다. 그 원인 중 하나는 남편이 익숙한 아내에게 흥미를 잃고 상 대의 복장과 헤어스타일에 무관심해졌기 때문이다. 가끔 입을 열 었는가 싶으면 몸매에 대한 불만만 쏟아 부으니 거꾸로 아내는 아 름답게 꾸미려는 의욕을 잃게 된다.

여성이 자주 하는 불만 중에 하나는 남편이 "제대로 말을 들어주 지 않는다."고 하는 것이다. 아무리 말을 걸어도 찌푸린 얼굴에 짜 증스런 대답밖에 돌아오지 않는다면 여성들도 밝고 쾌활하게 행 동할 수 없게 된다. 즐거운 가정은 혼자서 만들 수 없다. 어째서 자 신의 아내에게는 직장의 다른 여성들에게 말할 때는 전혀 쓰지 않 는 말투로 이야기하는 걸까? 말투에 조금만 신경 쓴다면 생활이 완전히 바뀔 텐데……. 가정에서 언쟁이 일어나게 되는 동기의 대 부분은 말투와 언성 때문이다. 목소리에는 자신의 마음과 상대에 대한 태도가 드러난다. 불만과 반감으로 가득한 말투를 듣게 되면 누구라도 화가 난다. 따라서 화가 머리끝까지 났을 때는 의식적으 로 목소리를 낮추도록 하자. 예를 들어 아이들은 자기 맘대로 되지 않을 때는 떼를 쓰며 큰소리로 울음을 터뜨린다. 그리고 큰소리로 울며 흥분하면 할수록 자기 자신을 제어할 수 없게 돼 결국은 히스테리를 일으키고 만다. 목소리가 커지면 화는 더욱 걷잡을 수 없게 되지만, 온화한 목소리로 말하면 가슴속에 들끓던 불꽃이 자연스럽게 꺼져간다. 가족 전원이 무슨 일이 있더라도 목소리를 높이지 않도록 주의한다면 수많은 분쟁을 피할 수 있을 것이다.

비꼬는 말투, 짜증 섞인 말투는 가정뿐만이 아니라 직장이나 사회에서도 행복을 깨버리는 가장 큰 원인 중 하나다. 사소한 언쟁과 비꼬는 말투, 야유와 무례함이 가정의 불화와 불행을 조장하고 있는 것이다. 이성을 잃고—특히 자신이 사랑하는 사람에게 너무 화가 난 나머지— 자신의 가장 열등하고 잔인한 부분을 들춰내는 것만큼 굴욕적인 일도 없다. 당신은 아내(혹은 남편)와 격렬한 논쟁을 한 뒤 뭔가 소중한 것을 잃은 것 같다는 느낌을 받은 적은 없었는지? 분노의 불꽃은 당신의 자존심과 인간으로서의 존엄성을 태워버리고 만다. 나는 어느 날 화가 나서 날뛰는 아이가 거울 앞으로 끌려가는 모습을 보았다. 아이는 거울에 비친 자신의 모습을 보고 창피해 울음을 멈췄다. 이와 마찬가지로 어른들도 분노의 불꽃이 타올라 짐승처럼 화가 난 자신의 모습을 본다면 두 번 다시 이런 태도는 보이지 않으려 노력할 것이다.

부부라면 서로 잘잘못을 따지기 보다는 상대를 칭찬하고 감사하도록 하자. 제르샤 숙모님이 나에게 다음과 같이 말씀해주신 에피소드는 일상생활 속에서 따뜻한 말을 건네는 것이 얼마나 중요한지를 느낄 수 있게 해주는 이야기다.

숙모님은 브라운 부인의 장례식에서 돌아온 뒤 "살아 있는 동안 장례를 치를 수 있다면 얼마나 좋을까?"라고 탄식을 했다. "브라운 부인은 생전에 생기가 없었어. 남편이 모든 잘못을 부인 탓으로 돌렸기 때문이야. 남편도 나쁜 뜻은 없었을 거라고 생각하지만 그런 말을 들으면 지치고 말거야. 뭔가 물건이 망가지거나 쓰지 못하게 되면 전부 다 부인 탓으로 돌렸지. 게다가 그런 말투가 가족 전부에게 옮아 버려서……. 그런데 오늘 목사님께서 브라운 부인이 처음 시집왔을 때 황무지였던 이 땅에서 아주 고생을 많이 했다는 것과 인내하면서 남편의 내조를 했다는 이야기를 했어. 그건 모두 남편이 목사님에게 말해준 내용일거야. 너무 허망한 일이야. 부인이 살아 있을 때 그런 말을 본인에게 직접 해주었다면 장례식을 치르지 않아도 됐을 텐데. 브라운 부인은 꽃을 아주 좋아했지. 그야 당연히 꽃은 아름다우니까. 하지만 남편은 부인이 화단을 꾸미는 걸 절대로 용납하지 않았어. 정원에 양배추가 자라는 것만으로도 충분히 멋진 풍경이 아니냐면서. 부인은 언제나 장미꽃 같은 달콤한 향이 풍기는 꽃을 심고 싶어 했는데……. 이런, 벌써 저녁때가 다 됐네. 너무 감상에 젖어 있었네."

그리고 숙모님은 자신의 남편을 향해 이렇게 말했다고 한다.

"그런데 당신도 내가 만든 팬케이크와 호박 파이가 맛있으면 내가 살아 있는 동안에 분명하게 말해줘요. 장례식까지 칭찬을 아낄 필요는 없으니까요."

사소한 말 한마디로 타인을 행복하게 할 수 있다는 것을 대부분의 사람은 이해하지 못한다. 우리는 가난하고 힘든 일들은 대부분 참을 수 있지만 마음이 충만해 있지 않다면 아무리 훌륭한 궁전에 살고, 호화로운 물건들에 둘러싸여 있다 하더라도 삶의 의지를 잃고 말 것이다.

미국 건국의 아버지라 불리는 프랭클린이 이런 일화를 소개한 적이 있었다. "내 직장 근처에 공장이 있는데 그곳에서는 몇 명의 기계공들이 일하고 있다. 그 중에 항상 밝고 쾌활한 남자가 한 명 있었다. 그는 만나는 사람 모두에게 부드럽게 말을 걸으며 살며시 미소를 짓는다. 아무리 추운 날이라도, 구름 낀 음침한 날이라도, 그의 얼굴에서는 행복해 보이는 미소가 떠나질 않았다. 어느 날 아침, 내가 그렇게 씩씩한 비밀이 뭔지 물은 적이 있었다. '비밀은 없습니다.'라고 남자는 대답했다. '단지 제게 세상에서 제일가는 아내가 있어서 아침에 출근할 때면 열심히 하라고 격려를 해주고, 저녁에 집에 돌아가면 키스를 하면서 맞이하고 차를 준비해줍니다. 게다가 아내는 매일 아주 작은 일들로 저를 기쁘게 해줍니다. 그래서 저도 다른 사람들에게 차갑게 대할 마음이 생기지 않습니다.'"

하지만 배려와 밝은 마음만으로 가정을 원만하게 꾸릴 수는 없다. 금전이란 현실적인 문제가 있기 때문이다. 부부 간에 가능한 한 언쟁의 씨앗을 줄이도록 노력하지 않으면 안 된다. 그러기 위한 최선의 방법은 진정한 의미에서 서로가 협력을 하는 것이다. 대부분의 가정에서 불화의 씨앗은 금전적인 문제다. 가정에서 절약만큼 오해를 받고 소홀히 여겨지는 문제도 없다. 잘못된 절약 정신은 낭비벽만큼 가정에서 행복을 앗아가 버린다. 세상에는 허리띠를 너무 졸라매며 일에만 몰두해 인생을 충분히 즐기지 못하는 사람들이 셀 수도 없이 많다. 이런 사람들은 절약에 필요 이상으로 집착해 집에서도 구두쇠노릇을 한다. 쓸데없는 낭비를 하면 끝없이 가족들에게 잔소리를 하고 돈을 낭비하지 않도록 주의를 줘 가족들을 초라한 기분에 빠지게 한다. 예를 들어 내가 알고 있는 한 가정에서는 잘못된 절약정신이 가족 모두에게 습관처럼 돼 있었다. 그들은 빈곤과 절제 속에서 기분전환을 위한 오락조차 없이 살고 있어 그 집을 가보면 나까지 축 처지는 느낌이 들 정도였다. 얼마 전이 집에 저녁 식사를 초대 받았는데 여섯 살짜리 아들이 "오늘은 고등어가 제일 싸서 저녁 반찬이 고등어예요."라고 말했다. 나는 이런 작은 아이까지 가격에 신경을 쓰는 데 깜짝 놀랐다.

무엇보다 비참했던 건 아내의 지출에 일일이 참견하는 남자였다. 그렇게 참견을 당하면 아내는 즐거움과 의욕을 잃고 만다. 대부분의 남자들이 아내가 어쩌다 비싼 물건을 구입하면 화를 내면서 상대를 질책한다. 아마 본인도 아내 입장에서 볼 때 아무 필요도 없는 물건을 사들인 적이 있었을 텐데…… . 아내가 전업주부라면 남편은 매달 월급의 일부를 아내에게 주고 살림살이를 맡길 것이다. 아내는 그 돈으로 식사를 마련하고, 가족들의 의복을 사고, 자신에게 필요한 물건을 살 것이다. 돈을 어디에 썼는지 물어서는 안 된다. 어차피 아내보다 살림살이를 잘 꾸려나갈 남자는 없을 테니까.

많은 여성들은, 남편이 조금씩 절약해서 장래를 위해 저축하자는 말에 쪼들린 생활을 하다가 결혼한 지 얼마 되지 않아 심신이 다 지쳐버리고 만다. 하지만 남편은 일단 성공만 하면 오랜 고생으로 매력을 잃어버린 자신의 아내를 창피하게 여기기 시작한다. 그리고 이런 여성은 자신과 어울리지 않는다며 이혼하고 젊고 매력적인 여성을 새로운 아내로 맞이한다.

나는 얼마 전 한 파티에서 가난의 바닥에서 기어올라 억만장자가 된 남성과 그의 아내를 만났다. 그의 아내는 젊었을 때 파산 직전에 있던 남편을 살리기 위해 필사적으로 일한 탓에 아름다움과 우아함을 전부 잃어버렸다. 상냥하고 애수에 찬 얼굴에서 개성이 느껴지기는 했지만 남성을 유혹할 만한 매력은 전혀 없었다. 반면에 남성은 흠잡을 데 없을 정도로 훌륭한 차림새를 하고 있었다. 그는 아름다운 여성들과 담소를 나누는 데 정신이 팔려 애처로운 아내를 사람들에게 소개하려고도 하지 않았다. 소박한 차림새의 아내는 한때 남편을 사로잡았던 매력이 이미 자신에게 없다는 것을 통감하면서 벽에 걸린 꽃처럼 조용히 남편 뒤에 숨어 있었다. 결국 이 파티가 끝날 때까지 남편이 아내를 소개한 것은 단 두 번뿐이었지만 그것도 그저 형식적이었다. 나는 이 남자가 갑부가 된 경위를 잘 알고 있다. 그가 성공할 수 있었던 것은 본인의 능력뿐만이 아니라 현명한 아내가 자신을 희생해서 열심히 남편을 내조한 덕분이었다. 금전적 여유가 생긴 지금 인기가 많아진 남편은 이곳저곳을 여행하고 다녔지만 아내는 항상 집을 지켰다. 아내는 젊었을 때 자신에게는 신경도 쓰지 않은 채 남편에게 헌신적으로 가능한 모든 내조를 해왔지만 남편은 아내에게 전혀 고마운 마음을 느끼지 않았다. 아내의 얼굴에는 깊은 주름이 새겨져 있지만 나이 차가 거의 없는 남편은 남성으로서 왕성한 시기를 맞이하고 있다.

　살림살이에 있어 부부 사이에 공평한 역할 분담이 가능하다면 많은 불화를 피할 수 있을 것이다. 그리고 부부가 서로 자유와 기쁨을 나눌 수 있다면 아이들도 행복하게 자랄 수 있을 것이다.

　영국의 목사 시드니 스미스는 "아이들이 모두 잠들기 전에 서로 얼굴을 맞대고 '오늘 하루 즐거웠어.'라고 말할 수 있다면 얼마나 멋진 가정일까? 서로 사랑할 수 있다는 것은 살아 있는 사람에게 있어 최대의 행복이다."라고 말했다. 아이들은 모두 아기 고양이처럼 놀기를 좋아한다. 아이들에게 당신의 업무상의 고민 따위는 관심도 없다. 피로에 지쳐 집에 돌아온 당신을 보더라도 새로운 놀이 상대가 왔다고밖에 생각하지 않을 것이다. 노는 것보다 중요한 일 따위는 아이들에게는 상상조차 할 수 없는 것이다. 너무 일찍 인생의 고통을 가르치지 말고 아름다움과 선을 사랑하는 마음씨 착한 인간으로 자라도록 어린 시절을 즐겁게 만끽할 수 있게 해줘야 한다. 세상에는 아이들을 일찌감치 어른 취급해서 아이다운 쾌활함을 앗아버리는 부모가 많다. 아이가 "아빠, 엄마는 놀이 친구가 아니야."나 "더 놀고 싶으니 아빠, 엄마가 돌아오지 않았으면 좋겠어."라고 생각하게 된다면 정말 슬픈 일이다. 언제나 "그거 하면 안 돼!", "저리 가."라는 말을 계속 듣게 된다면 아이들의 기운을 잃고 만다. 아이가 불안과 고민스러운 표정을 지으며 붉게 상기된 볼이 아니라 하얗게 질린 표정을 보이는 것은 무엇보다도 가슴 아픈 일이다. 어릴 적부터 긍정적이고 명랑한 마음을 몸에 익히면 어른이 돼서도 비관적인 생각에 빠지지 않게 된다. 좋은 부모이길 원한다면 아이의 마음에 공포와 불안, 고민의 그림자를 드리워서는 안 된다. 가정을 애정과 아름다움, 밝고 쾌활함이 넘치는 온화한 장소로 만들어 불화와 우울과 같은 적이 파고들 틈을 주어서는 안 된다. 집에서는 아이들이 충분히 자유롭게 놀 수 있도록 해주어야 한다. 어른이 되면 싫어도 인생의 매운맛을 보게 될 테니까. 그러므로 적어도 가정에서는 아이들이 행복하게 보낼 수 있도록 해주자. 그러면 언젠가 역경에 부딪히더라도 인생의 감미로운 오아시스, 세상에서 가장 행복한 장소로 어린 시절을 보낸 자신의 집을 떠올리게 될 것이다.

가정을 즐거운 놀이와 기분전환을 할 수 있는 극장으로 만들자. 물론 주역은 아이들이지만 부모도 함께 즐길 수 있다. 어른들도 아이들과 함께 뛰어 놀다 잠자리에 들면 숙면을 취할 수 있고 심신의 피로도 풀릴 것이다. 그리고 다음 날 아침에는 상쾌하게 눈을 뜨게 되고 일도 놀랄 만큼 잘 풀릴 것이다. 가족과의 즐거운 한때는 향기로운 향유처럼 우리의 피로를 풀어주고 기운을 북돋아줘 활력이 넘치게 해준다. 힘든 하루 일과를 마치고 심신이 피로에 지쳐 있더라도 아주 조금만 가족과 즐거운 시간을 보내면 마법처럼 마음이 치유된다. 기분전환을 위해 여기저기 찾아 헤매기보다 우리가 자신의 집에서 좀 더 즐겁게 보낼 수만 있다면 세상의 불행과 고통이 절반으로 줄어들 것이다. 예를 들어 젊은이들은 대체로 즐기고 싶고, 왁자지껄 놀고 싶다는 억제하기 힘든 충동을 가지고 있다. 그들의 그런 생각을 가정에서 충분히 만족시켜 줄 수 있다면 청소년들이 한밤중에 거리를 배회하는 일은 없을 것이다. 부모든 아이들이든 간에 집은 아무래도 마음이 불편해서 '어딘가 다른 곳'에서 즐겁게 놀다 온다는 것은 아주 잘못된 생각이다. 가정이 기쁨과 행복으로 넘치고 있다면 가족 전원이 강한 자력처럼 끌리게 될 것이다.

'우리 집'이라는 말만큼 아름다운 울림을 가진 말은 없다. 수많은 시인과 작가, 예술가가 이 테마를 즐겨 사용하고 있다. "우리 집만큼 마음 편한 곳이 어디에 있겠는가?"라고 고대 로마의 정치가 키케로는 물었으며, 의사이자 시인이던 올리버 웬들 홈스는 "사랑하는 나의 집, 비록 몸은 멀리 떨어져 있지만 마음은 항상 그곳에 있다."고 노래했다. '자신의 가정'을 가진다는 것은 누구나 품는 꿈이다. 아무리 미래의 희망이 보이지 않더라도 사랑하는 반려자와 목숨보다 소중한 아이들이 있기 때문에 매일 같이 단조로운 일에 전념할 수 있다. 많은 사람에게 있어서 가정은 인생이라는 사막의 단 하나뿐인 오아시스다.

"수많은 곳을 다녀봐도 결국 우리 집보다 좋은 곳은 없다."

가정은 이 세상에 선을 가져다주는 위대한 힘이다. 격언에도 있듯이 우리 집은 그 어떤 곳보다도 안전한 보금자리가 아니면 안 된다. 당신의 가정을 그 무엇과도 바꿀 수 없는 곳으로 만들고 싶다면 "이곳은 휴식과 행복의 장.", "이간질 하지 말지어다."라는 금언을 항상 현관 앞에 걸어 놓자.

오늘부터 당장 할 수 있는 일

◆ 가족과 여유롭게 이야기할 시간을 갖고 있는가? 아이들이 자라면서 얼굴을 마주할 기회도 적어져 지금은 우리 아이들에 대해 이웃사람보다도 모르고 있지는 않은지? 만약 그렇다면 매일 조금씩이라도 아내(혹은 남편)와 아이들과 보내는 시간을 만들자. 그리고 가족들의 생활과 그들의 고민에 업무를 대할 때만큼의 주의와 관심을 기울이자.

◆ 업무상의 고민은 모두 회사에 두고 돌아오자. 일이 잘되든 안 되든 간에 무조건 가정을 행복한 장소, 자신에게 있어 세상에서 가장 마음이 편안한 장소로 만들자. 그러면 업무상의 그 어떤 거래와도 맞먹을 정도의 커다란 투자가 될 것이다.

◆ 아무것도 하지 않으면 그저 시간만 흘러갈 뿐이다. 방치해 두면 당신의 가정은 그저 건물에 불과하다. 오늘이야말로 반드시 아내(혹은 남편)와 아이에게 사랑한다고 말하자. 아이와 놀아주고 이야기를 들어주자. 아내(혹은 남편)의 말에 귀를 기울여 단순히 지금 하고 있는 일뿐만이 아니라 상대가 어떤 꿈과 목표를 가지고 있는지, 무슨 고민을 하고 있는지 이해하자. 시간은 무정하게 흘러간다. 그와 마찬가지로 가족도 당신의 손가락 사이로 빠져나갈지도 모른다.

자연은
마음을 치유해준다

> "자연은 결코 비열한 표정을 짓지 않는다. 그 어떤 현자라도 자
> 연의 비밀을 억지로 알아내 그 완전한 모습 전체를 파악하여 호
> 기심을 채울 수는 없다."
>
> —에머슨

　자연은 그저 거기 있기만 해도 많은 사람에게 끝없는 기쁨을 안
겨준다.

　"예를 들어 비바람 치는 날씨, 말하자면 최악의 하루였다고 하
자."고 세비지 박사는 말했다. "대부분의 사람은 비에 흠뻑 젖고 부
츠가 흙탕물로 더러워지기만 해도 초라한 기분이 들 것이다. 하지
만 어째서 이런 작은 혹성을 움직이고 있는 위대한 자연의 힘에 경
탄하지 않을까? 자연은 때론 햇볕을 내리기도 하고 그 하늘을 다
시 구름으로 뒤덮고 연못과 강, 나뭇잎에 맺힌 이슬에서 빨아들인
수분을 비나 눈, 진눈개비로 만들어 대지에 뿌리기도 한다. 그렇게
생명이 태어나고 세상은 불가사의한 순환에 의한 변화를 반복한

다. 잿빛 하늘에도 아름다움이 있다. 한 방울의 비, 한 톨의 눈에도 무한한 신의 경이로움이 감춰져 있다. 그런데 어째서 이런 자연의 섭리는 모두 망각한 채 단순히 좋지 않은 상황에 비가 내렸다고 자기 맘대로 화를 내는 것일까?"

아름다운 것을 사랑하고 그것을 추구하는 마음만 있다면 어디서든 아름다움을 발견할 수 있다. 마음에 음악이 있다면 어디에 있든 간에 자연계의 모든 노랫소리가 들릴 것이다.

마음이 밝음으로 충족돼 있을 때는 주위의 자연이 미소를 짓는 것처럼 느껴진다. 공기는 상쾌하고 하늘은 맑고, 나무들의 푸르름은 그 어느 때보다도 선명하게 느껴진다. 꽃은 향기롭고, 새들의 노래는 달콤하고, 태양과 달과 별도 그 어느 때보다 아름답게 보인다. 시인 휘트먼은 이런 말을 남겼다. "12년 전, 나는 죽기 위해 캠덴을 찾아갔었다. 하지만 매일 산과 들을 다니며 태양빛을 쐬고, 새와 다람쥐, 물속의 물고기와 어울리는 사이, 나는 자연 속에서 건강을 되찾았다." 그리고 플로렌스 나이팅게일도 다음과 같은 말을 했다. "오랫동안 환자를 봐온 경험에서 한가지 말할 수 있는 게 있습니다. 그것은 환자에게는 신선한 공기와 마찬가지로 밝은 빛이 필요하다는 점입니다. 환자에게 가장 나쁜 것은 꼭 닫혀 있는 방, 게다가 어두운 방입니다. 단순히 밝기만 하면 되는 건 아닙니다. 그들에게는 태양빛이 필요한 것입니다."

L. W. 커티스 박사는 〈헬스 컬처〉라는 잡지에 다음과 같은 보고서를 실었다. "태양빛은 공기를 맑게 유지하는 데 큰 역할을 하고

있다. 어둠 속에서는 식물이 자라지 않듯이 사람도 어둡고 공기가 좋지 않은 방에서는 건강을 유지할 수 없다. 매사추세츠 주에 처음으로 맹인용 복지시설이 건설됐을 때 이 시설에서는 비용 절감을 위해 창문을 달지 않았다고 한다. 경영자들은 어차피 눈이 보이지 않으니 상관없을 것이라고 생각했다. 이렇게 해서 환기 시설은 있지만 창문이 없는 건물이 세워지고 맹인들이 입주했다. 하지만 입주자들은 계속 병에 걸렸고 많은 사람이 권태감을 호소했다. 피로와 불안에 휩싸인 그들은 자신들에게 무엇인가가 부족하다는 것을 느끼고는 있었지만 그것이 무엇인지 모르고 있었다. 두 사람이 사망하고 전원이 병이 든 시점에서 시설 측에서는 창문을 달기로 결정했다. 햇볕이 들어오자마자 창백하던 얼굴에 혈색이 돌기 시작하면서 입주자들은 잃어버렸던 활력과 건강을 되찾았다."

물, 공기, 태양이라는 세 가지 건강 요소는 누구나 손쉽게 손에 넣을 수 있다. 그럼에도 불구하고 얼마나 많은 사람들이 아침 일찍 공원을 빠른 걸음으로 지나쳐 회사로 향하고 있는가. 아름답게 빛나는 풍경이 바로 옆에서 당신을 부르고 있는데도 그런 것에는 눈길 한 번 돌리지 않고 오로지 직장을 향해서만 돌진한다. 멈춰 서서 자연의 아름다움에 시선을 돌린다면 좀 더 가벼운 발걸음으로 출근해 즐겁게 일할 수 있을 텐데……. 너무나 많은 사람이 회의에서 회의로, 한가지 일이 끝나면 바로 다음 일로 한눈도 팔지 않고 서두르고 있다. 하지만 그 옆에서는 일에 빠져 있는 우리의 눈을 뜨게 하기 위해 새와 냇물, 들판의 꽃들이 아름다움을 다투고 있다.

꽃과 수풀, 나무가 생생한 모습으로 미소를 보내고 있지만 우리는 눈길 한 번 주지 않고 스쳐 지나간다.

　우리는 너무 필사적으로 생활해서 인생을 영위할 시간을 잃어버린 건 아닐까? 지갑에 돈을 채우는 일에 정신이 팔려서 인생에 아름다움을 쌓는 일을 잊어버린 건 아닐까? 꽃과 나무, 노을 등 자연계의 모든 것에서 천사도 반할 정도의 기쁨을 찾아낸 평론가 러스킨처럼 우리도 자연의 아름다움을 마음속 깊이 음미하자.

오늘부터 당장 할 수 있는 일

◆ 공원과 강, 바다에서 자연과 접촉하자. 자연만큼 훌륭한 벗은 없다. 직장이나 가정에서 당신을 괴롭히는 문제에 대해 자연 속에서 천천히 생각해보자. 그러면 저절로 여유로운 마음이 생겨 자신의 고민이 하찮게 여겨질 것이다.

◆ 나무를 껴안자. 이렇게 말하면 마치 환경보호 운동가의 낯 간지러운 대사처럼 들릴지도 모르겠다. 하지만 아주 잠깐 그런 창피함을 버리자. 특별히 자연주의자나 환경보호론자가 아니더라도 자연을 소중히 여길 수는 있다. 공원과 숲에 가서 (그게 힘들면 집 안마당에서라도 상관없다) 나무를 두 팔로 감싸고 몸을 딱 붙여보자. 생명의 고동이-나무의 생명과 당신 자신의 생명의 맥박이-느껴질 것이다.

◆ 하이킹을 떠나자. 그러면 자연계도 인간계와 마찬가지로 활기가 가득하고 복잡한 곳이라는 사실을 깨닫게 될 것이다. 그리고 자연계의 모든 것들이 당신과 마찬가지로 일상의 삶을 위해 싸우고 있으며 이 땅 위에 자리 잡기 위해 노력하고 있다는 경이로운 사실에 마음이 흔들릴 것이다.

상상의 날개를
펼쳐라

"상상력이 없는 영혼은 망원경이 없는 천문대와 같다."

—헨리 워드 비처

내가 아는 한 이탈리아 여성은 병으로 몇 년 동안 집밖에 한 발짝도 나가지 못한 채 살고 있다. 하지만 그녀는 "나는 항상 상상 속에서 여기저기 여행을 다니며 즐겁게 하루하루를 보내고 있어요."라고 말했다. 그녀는 매일 먼 외국으로 여행을 떠나 어린 시절을 보냈던 곳을 찾아가기도 하고 알프스를 등반하는 등, 추억이 담긴 거리를 산책한다고 한다. 이탈리아 남부 소렌토에 있는 자택의 베란다에 몇 시간이고 앉아 나폴리 항구를 지나는 요트를 바라보며 바람을 타고 상상 속 여행을 떠난다. 대극장을 상상하며 젊은 시절에 봤던 연극이나 오페라를 회상한다. 셰익스피어를 읽으면 일류 배우들이 수도 없이 비극을 연기한다. 통증이 심해지면 무조건 공상 속 여행을 떠난다. 그러면 병마와 싸울 용기와 희망이 용솟음친다. 이처럼 그녀는 신체적 통증은 물론 자신이 집에만 있다는 사실조차 잊고 세상 어디든 가고 싶은 곳을 여행할 수 있었다. "공상 속 여행이 실제 여행보다 더 즐거워요. 왜냐하면 공상 속에서는 여행 중에 힘든 일도 없고, 좋은 것만 느낄 수 있으니까요. 게다가 돈도 들지 않아요. 상상의 힘으로 얼마나 즐거울 수 있는지 알게 된다면 인류는 더욱 행복해질 거예요."라고 이 여성은 말했다. 하지만 아쉽게도 지금의 교육에서는 누구나 가능한 이 상상력이라는 자질 —순식간에 자신을 좋아하는 장소로 데려다 줄 수 있는 멋진 능력 —을 전혀 고려하지 않는다.

세상에는 막대한 양의 일을 처리하여 남이 보기에 스트레스가 쌓일 것 같은 상황을 즐기는 사람들도 있다. 일에 쫓겨 한순간도 일에서 벗어나는 것이 여의치 않음에도 이런 사람들은 장수를 하며 언제나 온화하고 밝고 활기차게 일하고 있다. 사실 그들에게는 작은 비결이 있다. 숨을 돌릴 수 있는 능력, 마음을 쉬게 하는 방법을 가지고 있는 것이다. 그들은 일이 아무리 힘들더라도, 아무리 곤경에 처하더라도 거기서 한 걸음 물러서서 전혀 흔들림 없는 평정심을 유지한다고 한다. 그리고 상상력을 펼쳐 마음속으로 다른 세상을 연상한다. 예를 들어 어린 시절을 보냈던 시골집을 떠올리며 마음속에서 다시 한 번 친구들과 즐겁게 뛰어논다. 개울에서 물고기를 잡고, 등산을 하고, 숲을 거닐고, 들판을 뛰어다니는 등……

상상력이라는 마법을 사용하면 피로에 지친 마음도 순식간에 기운을 차리게 된다. 상상의 날개는 우리를 순식간에 최고의 행복으로 인도해준다. 원치 않는 상황과 낙담, 짜증나는 일, 욕망에 쫓기는 바쁜 일상, 우울한 기분에서부터 자기 마음먹은 대로 벗어날 수 있다.

상상력이 풍부한 사람은 결코 낙담하지 않는다. 아무리 맘에 들지 않는 일이 일어나더라도, 주변 환경에 익숙해지지 않더라도 이런 모든 고민을 털어버릴 수 있는 상상의 세계에 몸을 맡기면 그만이다. 그러면 순식간에 상상의 세계가 눈앞에 펼쳐져 끝없는 행복을 손에 넣을 수 있게 된다. 우리는 인생을 좀 더 숭고한 것으로 만들 수 있다. 아무리 받아들이기 힘든 상황에 처했더라도 상상의 세계를 연상하면 기운을 낼 수 있게 된다. 그것을 위해 신이 인간에게 상상력이라는 신성한 힘을 선물한 것일지도 모른다.

◆ 잠시 시간을 내서 공상의 세계로 가자. 상상의 세계는 새로운 발상과 문제해결, 목표설정의 힌트로 가득 찬 아이디어의 보고다. 상상 속에서 생생하고 사실에 가까운 체험을 할 수 있다면 밝고 긍정적인 기분으로 현실 세계로 돌아올 수 있다. 그러면 이전보다 문제에 현명하게 대처할 수 있을 것이며 어쩌면 공상의 세계에서 생각지도 못했던 아이디어를 얻을지도 모른다.

◆ 상상할 수 있는 것은 반드시 실현할 수 있다. 상상에 시간을 쓰는 것은 그렇게 어리석은 일이 아니다. 지금 당신이 공상한 것이 내일의 인생에서 실현될지도 모른다. 내일, 혹은 가까운 미래의 자신이 어떤 모습을 하고 있는지 상상해보자. 매일 미래의 자기모습을 생생하게 연상하면 꿈이 현실에서 이루어질지도 모른다.

◆ 지성에만 의존하지 말고 상상력을 키워보자. 상상력을 이용해 기성개념에서 벗어남으로써 새로운 가능성을 발견할 수도 있다. 아인슈타인도 "상상력은 지식보다 중요하다."고 했다. 자신의 과거 행동과 지식에 얽매이지 말고 생각이 가는 대로 자유롭게 상상하자. 예를 들어 오늘 밤, 잠자리를 준비하면서 머릿속으로 침실 가구의 배치를 바꿔보자. 혹은 사무실의 가구 위치를 바꿔보자. 이렇게 평소에 상상력을 키우면 모든 상황에서 새로운 아이디어가 떠오르게 된다.

겉모습에 현혹되는
사람들

"교언영색, 어진 사람이 적다."　　　　　　　　　—공자

안타깝게도 사람들은 언제나 자신보다 나은 생활을 하는 사람에게 지지 않으려고 허세를 부린다. 얼마 전 뉴욕에서 한 미망인의 전 재산이 경매에 붙여졌다. 이 여성은 딸들을 유복한 가정에 시집보내야겠다는 허영심에서 처지에 맞지 않게 돈을 써 거액의 빚을 지게 되었으며 결국에는 집까지 넘어가게 된 것이었다. 어머니의 허망한 야심만 버렸다면 식구들은 적은 수입으로도 불편함 없이 살 수 있었을 것이다. 하지만 그녀는 겉치장을 하기 위해 꽃집, 음식점, 양품점에 거액의 빚을 져가면서까지 자신의 수입보다 훨씬 높은 생활 수준을 유지했다. 부잣집 딸들에게 지지 않는 화려한 옷을 자기 딸들에게 입히기 위해 그녀는 수천 달러나 되는 드레스와 모자, 액세서리를 사들였다. 모든 게 다 딸들을 유복한 집안의 남자와 결혼시키겠다는 야망에서 시작된 일이었다. 현재 이 여성은 집

도 없고, 딸들도 아직 결혼을 하지 못했다.

이렇게 겉치장에만 빠져 있기에 가정에 수많은 불행이 생겨나고 있다. 어째서 사람들은 체면을 세우려 조바심을 내다 불만과 실의에 가득 찬 인생을 보내게 되는 걸까? 돈에 집착하지 않고 야심만 버린다면 만족스럽고 행복한 생활을 보내며 훌륭한 인물이 될수 있을지도 모르는데……. 안락한 생활과 원하는 물건이 없어서우리가 불행해지는 것은 아니다. 타인을 부러워하는 마음과 잘못된 가치관 때문에 불행해지는 것이다. 타인의 눈에 잘 보이려고 얼마나 많은 불편과 고통을 겪고 있는가? 많은 사람들이 자신을 실제보다 잘 보이기 위해 얼마나 허무할 정도로 과장을 하고 있는가?

대부분의 사람이 수입이 적은 것은 창피한 일이며, 인생에서 그무엇보다 필요한 것은 원하는 것에 돈을 쏟아 부을 수 있는 재력이라고 생각하고 있다. 하지만 과연 돈에 얼마만큼의 가치가 있을까?돈은 자칫하면 불행밖에 불러들이지 않는다. 우리의 행복과 충족감을 막는 최대의 적은 의심할 필요도 없이 야심이라는 존재다. 타인과 똑같은 생활을 하고 싶다, 동료들을 제치고 자신보다 풍요로운 사람들과 같이 고급품과 기호품을 손에 넣고 싶다는 어리석고그릇 된 야심이야말로 우리를 행복으로부터 멀어지게 하는 가장큰 요인이다.

우리는 어떻게해서든 타인과 똑같아지기 위해 허우적대고 있다. 하지만 타인이 무얼 가지고 있든 간에 그런 것들이 당신에게 필요하지 않다면 진정한 가치가 있는 건 아니다. 만족과 참된 행복을 얻는 데는 아무런 도움도 되지 않는다. 우리는 그저 타인을 이기고 싶다. 타인보다 조금이라도 좋은 생활을 하며 훌륭한 집에서 살고, 아이들에게 예쁜 옷을 입히고, 값비싼 것들로 치장하고 싶다는 강한 야심에 빠져 있는 것일 뿐이다. 하지만 그런 것들을 손에 넣는 게 진정 가치 있는 일일까? 그렇지는 않다. 인간으로서 성장해서 풍요로운 인생을 사는 것, 인격을 높이는 것, 그런 것에 진정한 가치가 있는 것이다. 좀 더 사회에 도움이 되고, 지식을 쌓아 무지를 극복하고, 매일 조금씩이라도 고상한 생각을 품고, 자신과 타인을 지금 이상으로 믿는 것이 진정으로 유익한 야심이며 이 야심을 달성하면 사람은 충족감과 참된 행복을 손에 넣을 수 있게 된다.

내가 알고 있는 한 남성은 업무상에서는 훌륭한 평가를 받고 있지만 어딘가 불안해 보이고, 지금의 자신에 전혀 만족을 느끼지 못한다. 항상 자신을 더 큰 성공을 거둔 사람, 더 뛰어난 성과를 남긴 사람, 더 많은 재산을 축적한 사람과 비교하고 있기 때문이다. 따라서 자신보다 나은 생활을 하고 자신보다 명성이 높은 사람을 보면 화가 나서 참을 수가 없다. 타인의 업적과 재산에만 신경을 쓰기 때문에 자신의 성공에는 전혀 만족하지 못하고 지금의 위치에서 아무런 가치도 발견하지 못하고 있다. 분명 그의 집은 주변 부자들과 비교하면 넓지도 않고 호화롭지도 않다. 생활도 그렇게 호화롭지 않다. 하지만 그에게는 상냥한 아내와 귀여운 아이 등, 이웃들보다 나은 점도 많다. 그럼에도 불구하고 어째서인지 건강한 몸과 사이좋은 가족 등은 그에게 그렇게 큰 의미가 없는 것 같았다. 때문에 이 남자는 언제나 먼발치에서 남이 가지고 있는 것들을 부러운 눈길로 바라보며 더 열심히 일해야 한다, 더 빨리 출세해야 한다고 자신을 채찍질하고 있다. 실제로는 항상 너무 일에만 집착해 친구들을 만나거나 기분전환을 위한 시간도 갖지 못하고 있다.

이 남자처럼 많은 사람들이 타인이 가지고 있는 것에 너무 마음을 빼앗겨 자신이 가지고 있는 기쁨을 깨닫지 못한다. 타인을 부러워하기만 한다면 행복해질 기회를 잡을 수 없다. 우리는 일상 속의 작은 즐거움을 겸허히 받아들이지 않고 타인과 똑같은 것을 갖고 싶어하기 때문에 많은 삶의 기쁨들을 잃고 있다. 다른 사람이 고급 리무진을 타고 있는 걸 보면 자신의 자동차가 초라하게 여겨진다. 주변에 고급 주택이 있으면 자신의 작은 집이 창피하게 느껴진다. 하지만 타인을 부러워하는 대신 허용된 생활을 충분히 즐기도록 한다면 누구나 행복으로 넘쳐나는 인생을 보낼 수 있다.

우리는 타인을 따라잡기 위해 너무 황급하게 살아가고 있기 때문에 작은 친절, 일상 속에서 만나는 무수한 멋진 경험 등을 놓치기 쉽다. 대부분의 사람에게는 좀 더 여유 있게 바라보고 그 가치를 음미할 만큼의 시간이 없다. 우정을 확인할 시간도 없다. 누구나 그저 자신보다 앞서 달리는 사람만을 신경 쓰고 있다.

세상은 행복으로 가득하다. 실제로 눈앞의 행복을 붙잡을 마음만 있다면 이 세상에는 항상 모든 사람들이 충분히 누릴 수 있을 만큼의 행복이 있다. 하지만 우리는 마치 미국 작가 주에트의 시에 나오는 들꽃과 같다. 들국화 주변에 피어난 들꽃은 '아름답고 키가 큰' 들국화를 언제나 부럽게 생각하며 자신의 목에 멋진 장식이 있으면 좋겠다고 생각한다. 그때 작은 새가 날아와 이 들꽃의 탄식을 들었다. 작은 새는, 네게는 너만의 아름다움이 있으니 들국화가 되고 싶다는 말을 하지 말라고 한다.

"가슴을 쫙 펴고 하늘을 바라보라, 너를 키워준 이 땅의 주인이 바로 너라고 생각하라. 그것을 깨닫고 편안히 살라."

이 세상이 멋진 곳이 될지, 아니면 실의에 찬 곳이 될지는 우리가 인생을 어떻게 받아들이고 자신의 경험을 어떻게 이해하느냐에 달려 있는 것이다.

◆ 타인을 부러워하는 걸 당장 그만두고 자신이 가지고 있는 것을 소중히 여기자. 사람들은 어떻게 해서든 남에게 지지 않기 위해 허세를 부리고 싶다는 유혹에 빠지게 된다. 하지만 타인을 부러워하면 자신이 초라하게 여겨져 행복을 느낄 수 없게 된다.

◆ "옆집 잔디는 푸르게 보인다."는 말이 있다. 우리는 다른 사람이 가진 것에 눈길을 빼앗기고 그것만 가질 수 있다면 자신도 행복해질 것이라고 생각한다. 하지만 그것은 환상에 불과하다. 누구에게나 고민은 있다. 설령 당신이 남이 가지고 있는 것을 전부 가지고 있다고 하더라도 고민이 사라지는 것은 아니다. "그게 있다면, 이것만 있다면"하는 생각은 버리고 지금의 자신에 만족하고 자신이 가지고 있는 것을 충분히 즐기자. 분명히 당신보다 좋은 차를 타고 있는 사람이 당신보다 행복할 수도 있지만 그것은 그 차의 모델이나 가격과는 전혀 별개의 문제다.

◆ 겉모습을 치장하지 않으면 행복해질 수 없다고 생각하는 것은 자신의 마음 이외의 장소에서 행복을 추구하고 있기 때문이다. 타인에게 지지 않으려 허세를 부리는 것은 자신의 힘이 아니라 물건에 의지하지 않으면, 행복해지지 않기 때문이다. 그러나 물건을 소유하는 것에서밖에 행복을 느끼지 못한다면 시장에는 매년 새로운 제품이 나오니 그때마다 가지고 있는 것을 새로 바꿀 수 있는 재력이 있지 않는 한 언제까지라도 행복해질 수 없을 것이다.

하고 싶은 일을
뒤로 미루지 마라

"흘러간 물로는 방아를 찧을 수 없다." —격언.

많은 사람들이 일상생활에서 행복을 찾는 대신 먼 미래만 바라보며 언젠가 상황이 바뀐다면 더없는 행복을 손에 넣을 수 있을 것이라고 믿고 있다. 하지만 그것은 허무한 착각에 지나지 않는다. 그런 미래는 절대 찾아오지 않는다. "오늘에 만족하지 못하고 신이 주신 이 순간의 태양과 은혜를 누리지 못하는 사람은 결코 낙원으로 가는 길을 발견하지 못하고 실의에 빠져 생을 마감할 것이다."

어느 마을에 매우 총명하고 매력적인 젊은이가 있었다. 그는 인생의 전반은 재산을 모으는 데 전념하고 돈이 모이면 나머지 시간을 마음껏 즐기기로 결심했다. 청년은 이 확고한 목표를 향해 하고 싶은 일들을 포기한 채 돈벌이에만 전념했다. 음악을 사랑하는 마음을 억제하고 아름다운 예술을 추구하는 마음을 희생했다. 하지만 100만 달러가 모이자 이번에는 100만 달러를 더 모으고 싶어졌다. 그래서 좀 더 일해 200만 달러가 모일 때까지만 일하자고 생각했다. 하지만 200만 달러가 모이자 더욱 욕심이 생겼다. 그는 야심의 노예가 돼 그의 뛰어난 자질을 희생하고 묵묵히 일만 했다. 어느 날 청년은 거울에 비친 자신의 변해 버린 모습을 보고 깜짝 놀랐다. 자신의 눈을 믿을 수 없을 정도였다. 곧바로 자신의 어리석음을 깨달은 청년은 돈벌이를 그만두고 앞으로는 정말로 좋아하는 일을 하면서 살기로 결심했다.

하지만 젊었을 때 그렇게 매력적으로 느꼈던 것들이 아무 재미도 없게 느껴졌다. 먼저 여행을 가봤지만 위대한 화가와 조각가, 건축가의 걸작—끝없는 기쁨을 전해주는 훌륭한 예술작품들—을 바라보고 있어도 전혀 감흥이 일지 않았다. 어느새 예술적 감성이 마비돼버려 아름다운 것을 보고도 아무런 느낌이 없게 된 것이다. 집으로 돌아온 그는 이번에는 친구들을 불러 모아 즐거운 여생을 보내기로 결심했다. 하지만 오랫동안 친구들을 등한시 해온 탓에 우정을 쌓는 능력도 사라져 버렸다. 돈을 버는 방법은 알고 있지만 친구를 만드는 방법은 잊어버렸다. 그럼 음악은 어떨까? 그렇게 좋아하던 음악만은 자신을 배신하지 않았을 거라 생각하고 오페라 극장으로 발길을 옮겼지만 음악을 즐기는 방법도 완전히 잊어버리고 말았다. 남자는 절망에 빠져 뭔가 즐거움을 찾기 위해 이것저것 시험해 봤지만 아무리 많은 돈을 써도 만족감은 느껴지지 않았다. 인생을 즐길 수 없다면 재산은 아무런 도움도 되지 않는다. 그는 젊음과 건강, 친구와 시간, 예술을 사랑하는 마음 모두를 희생한 결과 돈을 얻었지만 사용 방법을 모르는 피로에 찌든 노인이 돼버렸다. 돈 이외에 그에게 남은 건 아무것도 없었다.

인생에서 즐거움을 뒤로 미루는 것만큼 슬픈 일도 없다. 사람들은 대부분 인생이 끝자락에 다다르면 하고 싶은 일들을 뒤로 미루지 말고 하루하루 더욱 열심히 살 걸 그랬다고 후회한다. 돈을 좀 더 모은 뒤에, 좀 더 출세를 한 뒤에, 라며 하고 싶은 일들을 뒤로 미루면 오늘이 전혀 즐겁지 않아진다. 게다가 막상 즐겨야겠다고 마음먹었을 때는 이미 그 힘을 잃은 뒤다. 재미있을 것 같은 일과 만나면 아무리 작은 기회라도 확실히 붙잡고 소중하게 키워갈 것, 그것이 행복으로 가는 단 한 가지 길이다.

세상에서는 해마다 많은 사람이 아이들이 놓친 공이나 바람에 날린 모자를 잡으려고 차 앞으로 뛰어들다 목숨을 잃고 만다. 그런 사람의 이야기를 듣고 우리는 "정말 허무한 죽음이야."라고 탄식한다. 하지만 그런 한편에서는 얼마나 많은 사람이 "나머지 100달러, 조금만 더……."라며 끝없이 돈을 좇다가 인생을 마감하고 있는지. 게다가 되돌릴 수 없는 상황에 맞닥뜨릴 때까지 우리는 자신이 "아까운 삶의 방식"을 취해왔다는 사실을 깨닫지 못한다. 재산을 손에 넣기 위해 우리는 놀랄 만큼 많은 것을 희생하고 있다. 얼마 안 되는 돈을 모으기 위해 삶의 목적을 잃어도 좋은 것일까? 타인보다 빨리 성공해서 희열에 빠진 사람들은 재산을 모으는 과정에서 자신이 무엇을 잃었는지 정말로 깨닫고 있을까? 우리는 돈과 맞바꿔 자칫 돈보다 훨씬 소중한 것을 잃기 쉽다. 사람은 인생이라는 가게에서 무엇이든 원하는 것을 손에 넣을 수 있지만 반드시 그 대가를 치르지 않으면 안 된다. 그리고 그중에는 자신이 얻은 것 이상의 대가를 치러야 하는 것이 많다. 너무도 많은 사람이 매일 몇 시간의 노동과 맞바꿔 자신의 인격을 희생하고 있다. 돈을 얻고자 자신의 재능을 던져버리고 인간으로서 최고의 자질을 잃어버리고 있다.

대부분의 사람은 일상의 소소한 기쁨을 소홀히 하고 인생을 진심으로 즐기려 하지 않는다. 그리고 귀중한 시간이 다 흐른 뒤에야 "이랬으면 좋았을 걸, 저랬으면 좋았을 걸."하고 후회한다. 언젠가 틀림없이 자신에게도 인생을 즐길 여유가 생길 거라 믿으며 일에만 몰두하고 절약하면서 필사적으로 일에만 전념하는 사람이 너무나도 많다. 하지만 오늘은 시간이 없으니 내일하자고 생각한다면 결국 언제까지나 실행으로 옮기지 못할 것이다.

희한하게도 아무리 냉정한 비즈니스맨으로서 성공을 거뒀다고 하더라도 현역 시절에 일 이외의 취미를 만들어두지 않는다면 퇴직 후의 생활을 즐길 수 없게 된다. 젊은 시절부터 음악에 익숙해지지 않으면 정년퇴직 후에 갑자기 음악을 취미로 삼고자 하더라도 연주회가 너무나 지루하게 여겨질 것이다. 평소에 익숙하지 않으면 갑자기 오페라를 보러 가더라도 재미있을 리 없다. 그림도 마찬가지다. 거의 매일 책상 앞에서 손익 계산과 타사와의 경쟁만을 생각하고 있는 비즈니스맨을 미술관에 데려가보면 좋을 것이다. 아마 이틀도 되지 않아서 미술관을 거니는 것에 질려버릴 것이다. 그들은 미술품을 즐기는 방법을 잊어버린 것이다. 평생 사업에만 빠져 있으면 그림의 아름다움과 예술의 정신적 가치, 위대한 작품의 의의를 이해할 능력이 몸에 배지 않는다. 퇴직 후 여행을 취미로 삼는 기업의 중역도 있지만 바쁜 일상에 익숙한 그들은 스케줄을 빡빡하게 짜지 않으면 여행도 즐길 수 없다. 그리고 한가롭게 즐기는 것이 목적이었던 여행에서 돌아와서는 이것도 보고 저것도 봤다, 이런 일도 했다며 여행의 성과를 의기양양하게 자랑한다. 이래서는 필사적으로 일하고 있을 때와 변한 게 아무것도 없다. 아무 일도 하지 않고 바닷가에서 한가로이 보내거나, 비싼 티켓을 샀다는 사실에 만족하는 것이 아니라 순수하게 감동을 얻기 위해 콘서트 구경을 할 수 있는 사람이 너무 적다. 우리는 휴가 중에도 어느샌가 진행 중이던 프로젝트나 직장 동료에 대해 생각한다.

행복해지는 최대 비결은 인생의 순간순간을 즐기는 것이다. 일상이 진정한 의미의 '휴일'이어야 한다. 요컨대 인생은 가정과 직장에서의 평범한 사건—일상의 잡다한 일—으로 이루어져 있다. 아무리 바쁘더라도 마음을 활짝 열게 하고, 윤택하게 해주는 무엇인가를 일상생활 속으로 받아들이자. 날짜가 내일로 바뀌기 전에 자신의 인생에 새로운 아름다움과 기쁨을 더하자. 인생을 즐거운 시기와 재미없는 고행의 시기로 나눌 필요는 없다. 즐거움을 뒤로 미룬다고 해도 득이 될 것은 아무것도 없다. 어느 작가는 이런 말을 했다. "나는 나비를 좇는 삶을 살며 달빛을 병에 담아 등불로 삼으련다. 일상생활에서 만나는 행복의 물방울을 잡는 것이 행복해지는 유일한 방법이다. 학생은 공부 속에서, 수도사는 기도 속에서, 상인은 장사 속에서 행복을 찾지 않으면 안 된다. 그렇지 않으면 목적을 달성했을 때 인생의 기쁨을 잃고 말 것이다."

동양에 이런 이야기가 전해진다. 옛날 어느 신통력을 가진 선인이 있었다. 선인은 아름다운 소녀에게 "이 옥수수 밭에 들어가 단 한 번도 멈추지 말고, 뒤돌아보지도 말고, 여기저기로 배회하지 말고 가장 크고 잘 익은 옥수수를 찾을 수 있다면 네게 멋진 보물을 선물하겠다."고 약속했다. 소녀가 밭에 들어가 보니 크고 잘 익은 옥수수가 너무 많았다. 하지만 그녀는 좀 더 가면 더 큰 옥수수가 있을 거라 생각하고 열심히 잘 익은 옥수수를 찾아 앞으로 나갔다. 한참을 앞으로 나가자 잘 자라지 못한 옥수수만 나타났다. 선물을 받지 못할 것 같다는 걱정을 하면서 열심히 앞으로 나가다 결국 소녀는 단 하나의 옥수수도 고르지 못한 채 밭을 나오고 말았다.

이 우화는 많은 사람의 인생 그 자체다. 우리는 바로 눈앞에 멋진 것이 있는데도 앞으로 조금만 더 가면 훌륭한 보물이 있을 것이라 착각하고 발걸음을 재촉한다. 그런 기대를 만족시켜 준다는 보장도 없는데……. 그리고 시간이 흐른 뒤 어둡고 위험한 밤길에는 멀리서 반짝거리는 별빛보다 손에 들고 있는 등불이 훨씬 도움 된다는 사실을 깨닫는다. 얼마나 많은 사람이 먼 미래의 목표를 위해 인생을 허비하며 정신적 고통을 받고 있는가. 그들은 더없이 아름다운 자연이나 곤란에 처해 있는 사람들에게 손을 내밀 무수한 기회—나날의 평범한 생활을 아름답게 빛나는 것으로 만들 기회—

를 맞이하고 있지만 그런 것들에는 눈길도 주려 하지 않는다. 그리고 눈길을 주더라도 자신에게는 할 일이 많다는 변명을 하며 발걸음을 멈추지 않고 그냥 지나쳐 버린다.

목표만을 바라보고 그 외의 것에는 눈길도 주지 않은 채 꿈에 그리던 목표점에 도달하면 거기서는 과연 무엇이 기다리고 있을까? 분명히 바라던 재산과 명성을 손에 넣고 야심을 채울 수 있을지는 모른다. 하지만 그것과 맞바꿔 인생을 풍요롭고 아름답게 할 권리, 감미롭고 고상하게 할 권리를 희생해도 괜찮은 걸까? 힘들게 멋진 집을 지었더라도 "언젠가 더 시간이 많을 때" 집에서 여유롭게 즐기자고 생각하다가는 결국 가족들과 즐길 여유 없이 일에만 쫓기고 말 것이다.

성경에 의하면 모세와 함께 이집트를 떠난 이스라엘 백성들이 사막에서 배고픔으로 고통을 받고 있을 때 신이 그들을 위해 만나(Manna)라는 불가사의한 음식을 하늘에서 뿌려줬다고 한다. 하지만 그중에는 신을 믿지 않고 내일은 식량이 없을지도 모른다고 생각해서 다음날 먹을 만나를 감춰둔 사람도 있었다. 하지만 감춰둔 만나는 썩어버리고 말았다. 이스라엘 백성은 바로 미래를 위해 만나를 비축해서는 안 된다는 사실을 깨달았다. 그러면 내일 먹을 만나는커녕 자신이 오늘 먹을 만나까지 사라져버리는 것이다.

행복은 바로 이 만나와 마찬가지다. 우리는 매일 새로운 행복을 모으지 않으면 안 된다. 하지만 우리 주변에는 오늘을 위해 주어진 만나를 먼 미래를 위해 비축해 두려고 하는 사람이 많다. 그리고 그들도 이스라엘 백성과 마찬가지로 즐거움을 뒤로 미루면 겨우 얻은 행복도 물거품이 돼버린 다는 사실을 깨닫고 놀랄 것이다. 행복은 주어진 순간에 누리지 않으면 안 된다. 막 따낸 꽃과 마찬가지로 신선할 때 즐기지 않으면 안 된다. 지금 하지 않으면 사라져버리는 것이 세상에는 널려 있다. 소중한 상대에게 애정과 배려를 표현하지 못한 채 먼저 보내고 장례식장에서 꽃을 바치고 눈물을 흘리며 후회하는 사람이 얼마나 많은가? 다정한 말이 머리에 떠올랐다면 당장 입 밖으로 표현하자. 누군가에게 친절을 베풀고 싶어졌다면 바로 실행하자. 당신이 '언젠가' 뭔가 해주고 싶다고 생각하고 있는 사람들, 그 사람들은 그야말로 지금 당신의 도움을 절실하게 필요로 하고 있다. 특별히 먼 미래가 아니더라도 지금 당장 뭔가 해줄 수 있지 않을까?

좀 더 돈이 모인 다음에, 라고 생각하여 행복을 뒤로 미뤄서는 안 된다. 그렇게 되면 어느 순간 만나가 썩어버린 데 깜짝 놀라며 이럴 줄 알았으면 바로 먹어버릴 걸 그랬다고 후회하게 될 것이다. 행복과 선행은 뒤로 미뤄서는 안 된다. 그럼에도 불구하고 우리는 자신을 속이고 현재가 아닌 먼 미래에 눈길을 돌리며 살고 있다. 지금 주어진 즐거움을 즐기려 하지 않고 언젠가 무언가를 손에 넣기 위해 끝없이 일하고 있다. 우리는 어째서 미래의 환영에 현혹돼 오늘의 아름다움을 발견하지 못하는 걸까? 어째서 먼 미래의 행복에 눈길을 빼앗겨 바로 곁에 있는 행복을 깨닫지 못하는 걸까? 나무 위에 핀 큰 꽃을 따려고 발아래 있는 제비꽃이나 들국화를 짓밟아서는 안 된다.

어느 작가가 이런 글을 남겼다. "이웃집 정원에 달콤한 열매가 열리는 구스베리가 심어져 있었다. 열매가 열리기 시작하자 아이들은 어머니에게 파이를 만들어 달라고 졸랐다. 하지만 어머니는 아직 새파라니까 익으면 만들어주겠다고 했다. 얼마 후 붉게 익은 구스베리를 보고 아이들이 다시 졸랐다. 하지만 어머니는 그 구스베리로 나중에 잼을 만들자고 했다. 아이들이 잼을 당장 만들자고 졸랐지만 지금 하던 일이 끝나고 만들겠다고 대답했다. 겨우 준비가 다 돼 잼을 만들려고 했지만 열매는 이미 새들이 쪼아 먹고 비바람을 맞아 다 떨어지고 말았다. 우리는 행복과 기쁨이라는 것을 이 어머니와 똑같이 취급하고 있다. 구스베리와 달리 행복은 매일 아침 새롭게 생겨나는 것이 최소의 위안인 것을……. 우리는 모두 지금은 힘들지만 미래에는 반드시 건강과 가정, 우정 등을 마음으로부터 즐길 수 있는 날이 올 것이라 믿고 있다. 하지만 그 날이 왔을 때 행복이란 열매가 아직 열려 있을 것이라는 보장은 없다."

오늘부터 당장 할 수 있는 일

◆ 잘 놀고, 잘 웃으며 좀 더 인생을 즐길 수 있는 시간을 만들자. 당신에게 오늘 주어진 행복을 맘껏 즐기자. 격언에서도 "공부만 하고 놀지 않는 인간은 성공하지 못 한다."고 하지 않았는가?

◆ "오늘 할 수 있는 일을 내일로 미루지 말라."라는 격언은 일이나 공부뿐만이 아니라 행복과 기쁨, 즐거움도 해당된다. 괴테도 말했듯이 "오늘만큼 가치 있는 것은 없다."

◆ 장래를 준비하는 것도 중요하지만 그로 인해 오늘 손에 넣을 수 있는 행복을 놓쳐서는 안 된다.

◆ 줄곧 하고 싶어 했지만 막상 하려고 보니 이미 할 수 없는 것이 되어버린 일은 없는가? 하고 싶은 일은 오늘 하자.

◆ 뭔가 돌발적이고, 장난스럽고, 우스꽝스러운 일, 전혀 "당신답지 않다."고 여겨지는 일을 해보자.

◆ 모르는 사람에게 상냥하게 말을 걸어보자. 직장 동료에게 그 사람이 얼마나 매력적이고 배려 깊은 사람인지, 자신이 생각했던 말을 전하자. 상대가 부끄러워하는 게 아닐까 생각해서 말하지 않았던 것을 정직하게 말해보자.

◆ "누군가 특별한 사람"을 만날 때까지 자신은 행복할 수 없다는 생각을 버리자. 촛불 아래서 식사를 하고, 목욕을 하고, 침실에 향을 피우고, 식탁에 꽃을 장식하는 등, 뭔가 행복한 기분이 들 수 있는 일을 생각해보자. 자신이 행복해지지 못하는 것을 타인과 환경 탓으로 돌려서는 안 된다.

행복을 막는 두 가지 적,
공포와 불안

"'정말 짜증나.'라고 한 여성이 말했다. '이사할 때마다 두 번 다
시 이사하고 싶지 않다는 생각이 들어. 이사할 때마다 안 좋은
이웃들 때문에 이사하자마자 짜증이 나.', '그래?'라고 친구가 대
답했다. '하지만 그건 네가 어디를 가나 나쁜 방향으로 생각하기
때문 아니니?'"

옛날 어느 곳에 마법사가 살고 있었다. 마법사는 자기 집의 쥐가
항상 고양이를 무서워하는 걸 불쌍히 여겨 쥐를 고양이로 변신시
켜주었다. 그러자 이번에는 개가 무섭다고 해서 다시 개로 변신시
켜주었다. 개는 호랑이를 무서워해서 바로 호랑이로 변신시켜주었
다. 하지만 여전히 불안이 가시지 않았다. 호랑이는 사냥꾼이 무섭
다고 호소했다. 마법사는 기가 막혀 호랑이를 다시 쥐로 되돌리고
이렇게 말했다. "너는 어차피 체격과 마찬가지로 배짱이 없어서 아
무리 커다란 동물로 모습을 바꾸더라도 허사다."

공포와 불안만큼 행복을 크게 해치는 것은 없다. 이 두 가지 적은 언제 어느 때든 재난의 불씨가 된다. 공포와 불안만 없다면 우리는 인생에서 만나는 모든 불행과 재난을 좀 더 인내하고 참을 수 있을 것이다. 따라서 범죄와 맞설 때와 마찬가지로 우리는 마음에 어두운 그림자를 드리우는 공포와 불안과 싸우지 않으면 안 된다.

공포는 희망을 앗아간다. 고민과 불안은 자신감을 잃게 해 집중력을 저하시키고 의욕을 잃게 한다. 사람은 공포심에 휩싸이면 아무것도 이룰 수 없다. 공포는 행복을 손상시키고 불안을 창출하는 맹독과 같다. 게다가 빛나는 인생을 허사로 만드는 것은 깊은 슬픔과 견딜 수 없는 고통, 큰 고난과 심각한 재난만이 아니다. 해결할 수 없는 고민과 사소한 불안 때문에 인생이 초라해지고 쾌활함을 잃게 돼 무슨 일이든 잘 풀리지 않게 되기도 한다.

시종일관 자신의 고뇌와 불행, 슬픔으로 번뇌하고 항상 불평불만만 늘어놓아서는 행복과 충족감을 손에 넣을 수 없다. 부정적 태도가 긍정적 결과를 가져오는 일은 결코 있을 수 없는 일이다. 그것을 알고 있으면서도 대부분의 사람은 공포와 불안에서 벗어나지 못하고 있다. 그들은 끝없이 무언가를 두려워하고 무언가에 대해 고민하고 있다. 이런 사람들은 바라는 것이 손에 들어오면, 혹은 주변 환경이 바뀌면 틀림없이 불안과 고민에서 해방될 수 있을 것이라고 여기고 있다. 하지만 실제로 바라던 걸 손에 넣으면 이번에는 다른 불안에 휩싸이고 만다. 그리고 결국 공포에 질린 나머지 인생을 진심으로 즐길 수 없게 된다. 그들은 자신의 가난함과 열등감, 초라한 행색 등을 부끄러워하여 금전적, 정신적으로 자신보다 윤택한 사람과 잘생긴 사람들에게 다가가려 하지 않는다. 때문에 타인과 이야기함으로써 얻을 수 있는 수많은 기회와 기쁨을 모두 흘려버리고 만다. 이런 식으로 겁쟁이가 돼버리면 사람은 절대로 행복해질 수 없다.

대부분의 사람은 언제나 마음 한구석으로 뭔가 나쁜 일이 일어나면 어쩌나 하며 불안해하고 있다. 아무리 행복할 때라도 반드시 불안의 그림자가 드리워져 있는 것이다. 따라서 항상 주변 사람을 부러워하고 그날의 날씨에 만족한 적이 한 번도 없다. 바람이 너무 세기도 하고 너무 약하기도 하고, 너무 덥기도 하고 너무 춥기도 하고, 습기가 너무 많은가 싶으면 다른 날에는 공기가 너무 건조하고⋯⋯. 이런 사람들은 자신에게 뭔가 좋지 않은 일이 벌어지지나 않을까 끝없이 불안해하며, 불길한 생각에 휩싸여 있기 때문에 제대로 된 판단을 하지 못한다. 그들의 가슴속에는 두려움이 양식과 분별력 대신 자리를 잡고 있기 때문에 공포심이 방해가 돼 무슨 일을 하든 진정한 기쁨과 안녕을 느끼지 못한다.

목사이자 작가인 존 토드(John Todd)가 이런 일화를 소개했다.

어느 비오는 날, 나는 지인 N씨를 만났다. 오랜만에 만나서 큰 소리로 "안녕하십니까. 비가 이렇게 내려주면 목초가 잘 자라겠네요!"라고 말을 걸었다. 그러자 상대는 "하지만 비가 오면 옥수수가 망쳐버려요. 올해는 작년의 반밖에 수확할 수 없을 겁니다."라고 대답했다. 며칠 후 나는 다시 그 남자를 만났다. "오늘은 날씨가 맑아 옥수수가 잘 익겠어요!"라고 말을 걸자 남자는 "하지만 호밀에는 좋지 않아요. 좀 더 추운 날씨가 좋아요."라는 대답이 돌아왔다. 그리고 추운 날 아침에 다시 그 남자를 만났다. "호밀에는 이상적인 날씨네요!"라고 말하자 남자는 "하지만 옥수수와 목초에게 추위는 금물입니다. 따뜻하지 않으면 얼어버리니까요."라고 불평을 했다.

세상에는 이렇게 새로운 실망의 씨앗을 찾거나 과거의 고민을 증폭시키는 데서 삶의 이유를 찾는 사람이 많다.

영국의 설교자 스퍼전은 "인내심이 없는 사람은 고뇌에 물을 주고 안락의 싹을 따버린다."고 말했다.

또 하나 다른 예를 들어보자. 한 남자가 가까이에 살고 있는 농부를 만났다. 농부의 짐마차에는 감자가 산더미처럼 쌓여 있었다. 남자는 "작년 8월에 만났을 때는 가뭄으로 옥수수 농사를 망쳤다고 하지 않았나?"라고 말을 걸었다.

"그랬지."라고 농부가 대답했다.

"게다가 감자도 가뭄으로 말라 이대로라면 내년에도 흉작일거라고 했었지?"라고 묻자 농부는 고개를 끄덕였다.

"하지만 이렇게 많은 걸 보니 결국 평년작은 한 것 같군."

"전혀 그렇지 않아." 농부가 손을 흔들며 말했다. "가뭄 때문에 물웅덩이가 사라져 거위들이 목욕을 할 수 없어 힘들었어."

비관주의자는 태양을 보고도 "태양 때문에 그림자가 생겨."라고 생각한다. 우리는 이 일화처럼 시종일관 무언가를 고민함으로써 에너지를 낭비하고 있다. 이래서는 마치 동력의 90%를 낭비하는 구식 증기엔진과 같다. 날씨와 자연의 변화에 아무런 도움도 되지 않는 걱정을 하고 화를 내고, 불평을 하는 데 기운의 절반을 낭비하고 있다.

또한 자신이 병들지 않을까 두려워하는 사람도 많다. 무서운 병이 자신의 몸을 갉아먹고 있는 게 아닐까 하는 망상에 사로잡혀 불안해지는 것이다. 실제로 그렇게 항상 걱정만 하고 있으면 영양의 밸런스가 무너져 저항력이 떨어지고 그 사람의 유전적 체질과 결합해 정말로 병에 걸리기 쉬워질 수도 있다. 게다가 우울과 고민, 불안을 떠안고 있으면 혈관이 수축돼 혈액순환이 나빠진다고 한다. 반대로 행복한 기분에 젖어 있으면 모세혈관이 넓어져 혈액순환도 좋아진다.

현대인은 너무 병을 두려워하는 나머지 놀랄 정도로 많은 양의 약을 스스로 처방을 내려 먹고 있다. 정신 안정제나 영양보조 식품과 같은 것들이 이렇게 많이 이용되고 있는 것은 현재 우리 삶의 방식, 일하는 방법에 커다란 문제점이 있기 때문이다. 비타민과 상비약을 서랍 가득 준비해 두지 않으면 안심할 수 없는 것은 우리가 항상 신경을 해치는 끝없는 긴장상태 속에서 살고 있기 때문이다. 모든 사람이 방심하지 않겠다며 끊임없이 신경을 곤두세워(아니, 실제로는 긴장을 푸는 게 두려운 것이다), 그 때문에 인생을 즐길 여력을 잃고 만다. 우리는 생산적이어야 한다고 생각하는 반면, 한편으로는 어떤 희생을 치르더라도 행복해지고 싶다고 생각한다. 이 두

가지 소망을 동시에 만족시키기 위해서는 결국 여러 가지 약과 자극에 의지할 수밖에 없다. 약을 쓰면 스트레스에서 벗어나 쾌락에 몸을 맡길 수 있어 적어도 표면적으로는 행복해질 수 있다. 우리는 일상생활에서 진정한 행복을 발견하지 못하기 때문에 자극과 약이라는 행복 대용품에서 도움을 얻으려 하고 있는 것이다.

미국의 저명한 뇌외과의사 존 자코비는 〈이브닝 포스트〉 지와의 인터뷰에서 다음과 같은 말을 했다. "불안은 신체에 어떤 영향을 끼칠까? 불안은 우리에게 총이나 칼과 맞먹는 치명상을 입힌다. 물론 총이나 칼보다 시간은 걸리지만 이런 무기와 마찬가지로 불안은 사람을 확실하게 죽음으로 내몬다. 과거 100년 동안의 전쟁 사망자를 뛰어넘는 숫자의 사람들이 마음의 고민 때문에 목숨을 잃고 있다. 얼마 전 신경의학의 연구에 의해 사람은 불안 때문에 죽을 수도 있다는 놀라운 사실이 밝혀졌다. 병사한 환자의 실제 사인이 불안인 경우도 해마다 수백 건에 달한다. 쉽게 말해서 불안은 뇌의 특정 세포에 돌이킬 수 없는 손상을 입힌다. 불안이 천천히 신체를 갉아먹는 것은, 바위에 물방울이 끝없이 떨어지는 것에 비유할 수 있다. 한가지 문제에 항상 질질 끌려 다니면 결국 그 불안에 의해 뇌세포가 파괴되고 만다. 어쩌다 고민거리가 생기는 것은 그다지 문제가 되지 않지만 여러 가지 불안에 끝없이 노출되면 뇌도 대처할 수 없게 된다. 불안에는 두개골을 매일 망치로 두들기는 것과 같은 효과가 있다. 결국 뇌막이 손상을 입고 기능장애를 일으키게 된다. 억누를 수 없는 걱정과, 의지만으로는 뛰어넘을 수 없는 불안은 망치처럼 미세한 신경조직에 해를 가한다. 세상에 불안과 낙담만큼 인간의 성공과 행복, 개인의 능력을 크게 해치는 감정도 없다. 나른함과 피로감을 느꼈다면 불안의 전조로 받아들이고 의지의 힘으로 고민을 극복하거나 직업을 바꾸는 걸 염두에 둘 필요가 있다."

하지만 인간은 어쩔 수 없이 고민을 하게 된다. 그리고 약과 같은 인위적 수단에 의존하면서 한계에 다다를 때까지 자신을 채찍질하다 결국은 모든 기력을 다 소진해버려 병에 대한 저항력을 잃고 만다. 우리가 약과 알코올, 비타민과 정신 안정제 등을 멀리할수 없는 것은 다름 아닌 불안과 공포 때문이다. 마음의 평안을 잃고 고통과 불안에 휩싸인 나머지 고민을 해결해줄 것이나 긴장을 풀어줄 것을 찾게 된다. 예를 들어 세상에는 퇴근 후 술집에 들려 한잔 걸치고 집에 들어가는 사람이 많다. 술을 마시면 적어도 한동안은 고민거리에서 해방될 수 있다. 하지만 실제로 위스키는 뇌혈관의 신경을 일시적으로 마비시키는 것에 불과하다. 아니, 오히려 알코올의 혈관 확장작용으로 인해 혈류량이 증가하면 영양과다로 혈액이 끈끈해지기 때문에 그로 인해 우울증에 걸리기 쉬워진다고도 한다.

원래 자신의 정신 상태는 스스로 관리해야 한다. 당신의 마음가짐은 당신 자신이 결정해야 한다.

남북전쟁 시절의 은행가 제임스 쿡은 51세에 억만장자가 됐지만 다음 해에 은행이 도산해 한 푼도 남지 않게 되었다. 하지만 그는 역경을 이기고 멋지게 재기에 성공해 다시 부를 축적할 수 있었다. 3000명의 채권자들에게 모든 빚을 갚아 금융업자로서의 약속을 지킨 것이다. 어느 날, 어떻게 부활을 할 수 있었는가 하는 질문에 쿡은 이렇게 대답했다고 한다. "그건 단순히 내가 부모로부터 물려받은 기질 덕분입니다. 나는 어릴 적부터 쾌활한 성격으로 풀이 죽어 지낸 적이 없었습니다. 어떤 상황에서도 세상에 나쁜 사람만 있는 건 아니다, 나는 지금 주변 사람들이 걱정하는 만큼 힘든 상황에 처해 있지 않다고 믿어왔습니다. 미국은 부로 넘쳐나는 나라입니다. 열심히 일해서 재산을 모으겠다는 마음만 있다면 누구나 부를 손에 넣을 수 있습니다. 나의 성공 비결은 항상 사물의 밝은 면만 본다는 것입니다."

우리는 가슴속에서 일어나는 모든 감정을 제대로 파악하지 않으면 안 된다. 마음속에 품어도 좋은 것과 나쁜 것을 스스로 선별하지 않으면 안 된다. 짐승을 집 안에 들이지 않는 것과 마찬가지로 인생에 그림자를 드리우는 불안과 고민을 가슴에 품어서는 안 된다. 인류는 몇 세기에 걸쳐 엄청난 진보를 이룩했다. 그럼에도 불구하고 공포심은 상상이 만들어낸 환상에 지나지 않는다는 것을 아직도 이해하지 못하고 여전히 이 행복의 적 때문에 고통 받고 있다는 건 너무나도 불가사의한 일이다. 이 고통에서 벗어날 방법을 벌써 몇 백 년 전에 발견했어야 했는데 우리는 여전히 조상들과 마찬가로 불안과 공포라는 두 가지 망령에 떨고 있다. 불안과 공포는 대부분 아무런 근거도 없는 상상의 산물에 불과하다. 게다가 태고의 옛날부터 지금에 이르기까지 이렇게 많은 사람이 불안에 떨고 있다는 것은 너무나도 기묘한 일이다. 당신 자신의 인생을 뒤돌아보면 두려움에 떨었던 일들이 실제로는 거의 일어나지 않았는다는 사실을 알 수 있을 것이다. 한 남자가 죽음을 앞두고 아이들에게 이런 유언을 남겼다고 한다. "나는 지금까지 너무나도 많은 걱정을 하면서 살았다. 하지만 지금 생각해보니 대부분 쓸데없는 기우에 불과했다."

진정한 삶의 방식을 알고 있는 사람은 마음을 흔드는 생각에 헛되이 에너지를 낭비하지 않는다. 그런 생각은 아무것도 창출하지 못하고 인생이라는 기계를 마모시킬 뿐이니까. "항상 쾌활한 마음을 잃지 않고, 결코 체념하지 않는 사람에게서는 모든 곤란이 바람에 흩어지는 구름처럼 사라져버린다. 항상 자신의 불행을 탄식하며 있지도 않은 구름을 찾아 지평선을 주시하고 있는 사람 앞에는 끝없는 역경이 닥친다."

사람은 눈앞에 있는 문제 때문에 스트레스를 느끼는 것이 아니다. 앞으로 일어날 문제로 고민하기 때문에 스트레스를 느끼게 되는 것이다. 산 중턱에 도착하기 전에 힘든 산행이 되지 않을까 걱정한다면 산에 오르기도 전에 지쳐버린다. "건강해지고 싶다고 말버릇처럼 되뇌이면서 매일 독을 마시는 사람이 있다면 머리가 이상하다고 생각할 것이다. 하지만 행복해지고 싶다고 바라면서 이것저것 신경을 쓰는 습관을 버리지 못하는 사람은 그와 마찬가지로 비상식적인 행동을 하는 것이다." 당신의 두뇌와 창조력, 에너지는 인생의 모든 문제를 해결하기 위해 주어진 소중한 자본이다. 그런데 당신은 사소한 일로 고민하거나, 불안해 하거나, 걱정을 하거나, 신경질을 내거나 해서 그 자본을 헛되이 소비하고 있다. 그렇게 당신은 더 큰 일에 써야 할 능력을 낭비하고 있을 뿐 아니라 자신과 주변을 불행하게 하고 가정의 평화를 흔들어 몇 년분의 시간을 잃어버리고 만다. 그걸 알고 있으면서도 우리는 어째서 더 행복해지지 못하는 걸까?

우리의 인생은 우연과 운, 불운에 의해 좌우되지 않는다. 사람은 누구나 태어나면서부터 성공과 행복을 손에 넣을 권리를 부여받았다. 자신의 처지를 결정하는 것은 자기 자신이니 우연과 운명에 휘둘려서는 안 된다. 행복을 막는 최대의 적은 우리의 마음속 상상에 있다. 자기 마음의 노예가 아니라 지배자가 돼야 한다. 착각과 미신 때문에 두려움에 떠는 사람만큼 이 세상에 불쌍한 사람은 없다.

가장 커다란 문제는 우리가 활력의 원천을 자신의 내면에서 추구하지 않는다는 점이다. 우리는 언제나 마음에 평안—안녕과 행복, 성공—을 가져다주는 것을 마음 밖에서 찾고 있다. 때문에 스스로 어떻게 할 수 없는 우연에 몸을 맡겨 인생의 의의를 놓칠 위험에 처하게 되는 것이다. 그 어떤 일에도 흔들리지 않는 강인함을 익히기 위해서는 어떤 상황에서도 자기 마음의 버팀목이 되어주는 것이 없어서는 안 된다. 진정한 남자, 진정한 여자에게 어울리는 마음의 조화와 평정심을 얻기 위해서는 흔들림 없는 안도감이 반드시 있어야만 한다. 자신이 영원한 원리—욕망과 운, 불운을 초월한 신의 위대한 설계도—의 일부라는 것을 의심하는 마음이 있는 한 충만한 마음은 얻을 수 없을 것이다. 만물의 조화, 모든 생명의 일체감, 우주를 창조하고 지탱해온 위대한 원리와의 협조를 이해할 수 있게 된다면 인생이 새로운 의미를 띠게 된다. 우주를 관철하고 있는 원리는 단 한가지이며 이 성스러운 힘이 자애로 넘치고 있다는 사실은 인류가 지금까지 깨달은 것 중에서도 가장 믿음직한, 모든 공포를 이겨낼 수 있는 진리다. 이처럼 생각함으로써 인생의 비밀이 풀려 사람은 다른 어떤 것에서도 얻을 수 없는 안심감과 충족감을 손에 넣을 수 있게 되는 것이다.

우리는 현재 불안이라는 적과 대치하고 있지만 생각해보면 인류의 공포와의 싸움은 태곳적 옛날로 거슬러 올라간다. 이렇게 오랫동안 싸워왔는데 우리는 아직 이 적을 왕좌에서 끌어내리지 못하고 있다. 불안과 공포는 인간에게서 행복과 능력을 빼앗아가는 강도로 여전히 맹위를 떨치고 있다. 하지만 우리는 드디어 평범한 공격으로는 왕좌를 탈환할 수 없다는 걸 깨닫기 시작했다. 그냥 공격하는 것이 아니라 불안과 공포보다 더 강한 힘을 가지지 않으면 안 되는 것이다. '신념'이라는 이름의 아군은 두려움이 가지고 있는 독을 중화시켜 준다. 신념과 손을 맞잡으면 반드시 두려움을 물리칠 수 있다. 두려움은 생명의 원천을 메마르게 하지만 사랑은 공포를 물리치고, 공포와는 정반대 효과를 가져다준다. 공포가 사라지면 행복을 가로막는 또 하나의 적인 불안도 사라질 것이다. 그러면 우리는 새롭게 자신감을 되찾아 커다란 안심감과 자유, 뛰어난 능력을 가지고 성스러운 창조에 참가할 수 있게 된다.

좋은 것, 아름다운 것, 진실 된 것으로 채우고 사악한 생각을 멀리하자. 마음속에 모든 부조화를 제압하는 성스러운 힘이 있다는 사실을 깨닫게 된다면 우리는 고매한 목표를 위해 살 수 있게 된다. 이 사실을 깨닫기만 해도 마치 마법처럼 폐허가 궁전으로 바뀌게 된다. 물론 때로는 생각지도 못한 재난을 당하거나 풀이 죽을 때도 있을 것이다. 하지만 그럴 때일수록 자신이 신의 창조물 중 하나라는 점을 잊지 않는다면 자신의 마음을 제어할 수 있을 것이다. 무엇보다 중요한 것은 심신의 건강을 지키고 높은 윤리관을 잃지 않고, 불안과 고민, 두려움 등이 파고들 틈을 주지 않는 것이다. 당신에게 충분한 저항력이 있다면 이런 행복의 적이 마음속에 들어올 수는 없을 것이다.

예를 들어 내가 아는 남자 중에 항상 불안에 떨면서 불행한 인생을 보내는 사람이 있었다. 그는 어릴 적부터 겁이 많아 생각한 대로 자신을 표현하지 못하고 공포심 때문에 모든 일이 잘 풀리지 않았다. 실제로는 자신을 가지고 완벽하게 처리할 수 있는 일도 불안의 방해를 받아 시작조차 할 수 없었다. 남자는 자신의 내성적인 성격을 고치려고 필사적으로 노력했다. 하지만 최근에서야 불안을 완화시키는 열쇠가 자신의 마음속에 있다는 사실을 깨달았다. 그걸 깨닫는 순간 그의 인생이 완전히 바뀌어버렸다. 그는 지금까지 뭔가에 쫓기고 있었기 때문에 자신이 실제로 어떤 사람인지, 자신에게 어떤 가능성이 있는지 전혀 알지 못했다. 하지만 소심하고 우유부단해서 무슨 일이든 피하려고만 하던 그가 지금은 의욕과 자신에 넘쳐 있다. 공포심을 몰아내자 잠들어 있던 에너지가 깨어나 놀랄 정도로 정신력이 강해진 것이다. 이전에는 1년에 걸쳐서 처리하던 일을 지금은 한 달 만에 해치워버린다.

우리도 이 남자처럼 될 수 있다. 사람은 누구나 힘들고 괴로운 경험을 뛰어넘어 행복해질 수 있다. 그리고 불안을 떨쳐내고 공포를 극복하는 것만큼 멋진 일도 없다. 공포심을 극복하면 꿈꿔왔던 것 이상의 엄청난 행복을 반드시 손에 넣을 수 있기 때문이다.

◆ 잠자리에 들 때까지 끙끙대며 고민해서는 안 된다. 영국의 한 유명한 목사님은 밤 9시 이후에는 절대 고민을 하지 않는다고 한다. 오늘 밤부터 바로 불안으로 고민하지 않는 시간을 만들자.

◆ 당신이 마음만 먹는다면 마음속으로부터 용기와 쾌활함을 이끌어낼 수 있다. 용기와 명랑함은 당신에게 자신감과 편안함을 줄 것이다. 자신은 신이 정한 생명의 원리의 일부라는 것을 잊지 않는다면 어떤 상황에나 용기를 가지고 맞설 수 있다. 그러면 주변 환경과 갑작스런 감정의 변화에 휘둘리지 않고 언제나 쾌활함을 유지할 수 있을 것이다.

◆ 끙끙대며 고민하는 대신 에너지를 당면과제에 쏟아 붓자. 가능한 한 많은 에너지를 정신력과 밝은 마음으로 바꾸자.

◆ 지금까지의 인생에서 당신은 여러 가지 역경을 잘 이겨왔다. 지금 어떤 문제가 있든 간에 당신은 과거에 더 큰 문제에 직면했었으며 그것을 극복한 경험이 있다. 불안해하는 대신 자신의 능력을 믿고 당면한 문제에 대한 대처법을 종이에 써보자.

◆ 진짜 공포와 불안은 상상이 만들어낸 공포와 불안과는 전혀 다른 것이다. 있지도 않은 일을 상상하며 불안해하지 말자. 우리는 누구나 너무 많은 일들에 신경을 쓰는 경향이 있다. 하지만 아무리 걱정을 해도 그것이 기우에 지나지 않는 경우도 있고, 심한 결과로 이어지지 않는 경우도 있다. 아무리 노력해도 피할 수 없는 경우도 있다. 진짜 문제가 무엇인지 조금만 주의 깊게 생각한다면 단지 공상에 떨고

있는 경우가 얼마나 많은지를 알 수 있을 것이다. 먼저 무언가 나쁜 일을 상상하고 불안해질 때마다 자신에게 '스톱!'이라고 주문을 걸자. 예를 들어 "전화비가 아직 청구되지 않았어. 전화가 끊어지면 어떡하지.", "그렇게 어리석은 짓을 했으니 두 번 다시 그녀에게서 전화가 오지 않겠지?", "회사에 지각할 것 같다. 잘리면 어떡하지?", "아버지는 53세 때 나와 똑같은 병으로 돌아가셨어. 나도 이대로 그냥 죽는 게 아닐까?"라는 불안에 언제까지나 떨고 있어서는 안 된다. 상상이 더욱 커질 것 같으면 당장 '스톱!'이라고 외치자. 아마도 얼마 있다가 똑같은 불안이 다시 고개를 들 것이다. 하지만 포기하지 말고 '스톱!'이라고 계속 외치다보면 불안은 점차 시들어버릴 것이다. '스톱!'이라고 외친 후에는 어떻게 해야 두려워하는 사태를 미연에 방지할 수 있을지 생각하자. 회사에 늦을 것 같으면 도중에 회사에 전화를 걸어 "지금 가고 있습니다."라고 전하기만 하면 그만이다.

물을 와인으로
바꾸는 기적

"어두컴컴한 날은 등불을 밝히면 된다. 맑은 날은 등불로 더욱 밝게 하면 된다. 친구를 만나면 서로 격려의 말을 나누고 마음이 담긴 인사와 따뜻한 악수를 나누자. 원수를 만나면 모르는 척 지나치고 증오심을 지우고 용서하자. 자신의 손으로 얼마나 많은 행복을 만들어낼 수 있는지 알 수 있다면 인류의 불행은 많이 줄어들 것이다."

먼저 〈우먼 홈 콤파니언〉이라는 잡지에 게재된 다음과 같은 기사를 소개하기로 하자.

한 할머니가 온화한 표정을 짓고 있다. 지금까지 수많은 곤란을 겪어 왔을 텐데도 그녀는 세상의 많은 여성들의 얼굴에 근심의 주름을 새기는 불안과 고민과는 전혀 상관없이 살고 있는 것 같았다. 어느 날, 할머니에게 한 명의 친구가 "어떻게 매일 그렇게 행복해 보이지?"라고 물었다.

"그건 '기쁨 일기'를 쓰기 때문이지."

"뭐라고?"

"이미 오랜 전부터 아무리 우울한 날이라도 뭔가 기쁜 일, 즐거운 일이 있다는 걸 깨달았지. 그래서 사소한 기쁨이라도 일기에 적기로 마음먹었어. 학교를 졸업하고 줄곧 매일 일기를 썼지. 특별히 대단한 게 적혀 있지는 않지만. 새 옷을 샀다거나, 친구들과 수다를 떨었다, 남편이 친절하게 대해 주었다, 꽃이 아름답게 폈다, 재미있는 책을 읽었다, 들판을 산책했다, 편지를 받았다, 콘서트에 갔다, 드라이브를 했다 등. 힘든 일이 있을 때는 이 일기를 몇 페이진가 읽지. 그러면 나는 정말 행복한 사람이라고 느껴져. 한 번 읽어 볼래?"

친구는 일기장을 건네받아 여기저기 두서없이 읽어봤다. 어느 날의 일기에는 이런 내용이 적혀 있었다. "어머니로부터 반가운 편지를 받았다. 창가에 아름다운 백합이 폈다. 잃어버렸던 핀을 찾았다. 거리에서 행복해 보이는 여자아이를 봤다. 밤에 귀가한 남편이 장미꽃을 선물해 주었다." 그밖에 읽었던 책들에 관해 적혀 있었고 일기장은 아름다운 것, 진실한 것으로 넘쳐나고 있었다.

"정말로 어떤 날에라도 기쁜 일을 찾아 낼 수 있었어?" 친구가 물었다.

"으응, 어떤 날에라도."라고 그녀가 작은 목소리로 대답했다.

거기서 멈췄으면 좋았을 것을 친구는 계속해서 일기를 읽었다. 그리고 결국 이런 내용까지 읽게 됐다. "남편이 내 손을 꼭 잡고 죽었다. 끝까지 내 이름을 부르면서……."

이 할머니를 따라 우리도 '기쁨 일기'를 적어야 하지 않을까? 다행히도 이 세상에는 평범한 일상 속에서 기쁨을 발견할 수 있는 사람, 인생을 둘도 없는 선물로 여기며 모든 경험을 마음속으로 즐길 줄 아는 사람, 자신은 이 시대, 이 장소에 태어나 정말 다행이라고 생각하는 사람들이 존재한다. "여름 태양 볕이 수풀과 들판을 바꿔주듯이 쾌활한 사람은 주변에 큰 영향을 준다. 그런 사람은 타인의 마음속에 있는 장점들에 눈을 뜨게 해준다. 아침에 쾌활한 사람과 만나면 오늘 하루도 열심히 살자는 마음이 생긴다. 그런 사람과 악수하면 새로운 활력이 넘쳐흐른다. 조금만 대화를 나누더라도 사기가 충천해져 무슨 일이든 할 수 있을 것 같은 기분이 든다."

과거 크림 전쟁에서 부상당해 병원에 수용된 병사들은 나이팅게일이 순회할 시간이 되면 그녀의 모습이 나타나기도 전부터 그녀의 기운을 느낄 수 있었다고 한다.

따뜻하고 고상한 나이팅게일의 주변에는 언제나 특별한 분위기가 감돌고 있었기 때문이다. 상냥하고 쾌활해서 주변을 생기 있게 하는 사람에게는 인생이라는 물을 감미로운 와인으로 바꾸는 힘이 있다. 그들은 마치 강장제처럼 삶이라는 무거운 짐을 진 우리에게 힘을 북돋아준다. 이런 사람이 집에 찾아오면 북극의 긴 밤이 걷히고 샛별이 비추는 듯한 느낌이 든다.

한 소녀가 자신은 못생겼으니 내면이 아름다운 인간이 되겠다고 결심했다. 틀림없이 그녀는 매력적이라고는 말하기 어려웠다. 코는 하늘을 향해 있고 눈은 너무 모여 있었다. 입은 너무 컸으며 맵시도 좋지 않았다. 평범한 여자라면 자신의 모습이 싫어 움츠러들고 수동적이 돼 대인관계를 기피할 것이다. 하지만 그녀는 자신의 결점을 극복하고 움츠리기는커녕 모든 사람들에게 사랑받는 사람이 됐다. 상냥하고 품위 있는 태도와 인내심, 교양을 익혔기에 어느 누구도 그녀의 외모에 신경을 쓰지 않게 되었다. 그녀가 입을 열면 순간 모든 사람이 귀를 기울였다. 그녀의 태도에는 모든 사람을 끌어들여 벗어나지 못하게 하는 희한한 매력, 못생긴 얼굴을 초월하는 뭔가가 있었다. 그녀와 이야기를 나누면 이 사람은 정말로 내게 관심을 가지고 있다는 느낌이 들었다. 외적 아름다움은 몇 년이 지나면 흔적도 없이 사라져버린다. 하지만 내면의 아름다움은 그 사람의 정신세계의 표현이기 때문에 시간이 흘러도 퇴색하지 않는다. 마음의 아름다움은 나이가 들어도 사라지지 않으며 오히려 노화를 방지해준다. 언제나 밝은 얼굴과 배려를 잊지 않는다면 나이는 아무도 신경 쓰지 않기 때문이다.

　내가 아는 사람 중에 아무리 싫은 상대와도 사이좋게 지낼 수 있는 여성이 있다. 이 여성에게 며칠 전 "어떻게 그렇게 모든 사람들과 항상 사이좋게 지낼 수 있습니까?"라고 묻자 그녀는 이렇게 대답했다. "아주 간단한 일입니다. 상대가 어떤 사람이든 간에 가능한 한 상대의 장점을 보고 단점은 보지 않으려고 노력하면 됩니다." 이 여성처럼 상대의 결점에는 눈을 감고 장점과 아름다움만을 강조해주는 사람만큼 든든한 존재는 없다. 이런 사람이 곁에 있으면 우리는 이상적인 자신에 다가갈 수 있다.

하지만 자신의 고민과 고통, 실망을 이겨낼 수 있는 사람은 많지 않다. 대부분의 사람은 언제나 자신의 고민만을 이야기해서 상대의 기분을 어둡게 하고 듣는 사람의 쾌활함을 빼앗아버린다. 자신의 불운과 병이 인생 최대의 사건인 양 떠벌리고 누구를 만나더라도 자신에 대해서만 이야기한다. 이런 식으로 자신의 고통과 불안을 이겨낼 수 없는 사람은 장대한 목표를 세우더라도 아무런 성과를 거두지 못해 진정한 의미의 행복을 얻지 못한다. 고난을 씩씩하게 이겨낼 용기가 없으면 불안과 고통 때문에 인격에 상처를 입고 인생 전체가 왜곡돼 버린다. 교양이 있는 진정한 신사, 숙녀 사이에는 고민과 불안, 병과 슬픔과 같은 개인적 문제는 자신의 가슴에만 담아 두어야 한다는 불문율이 있다. 이것은 참으로 훌륭한 자제심의 표출 아닌가? 아무리 재난과 고통을 겪고 있더라도 타인에게 떠벌리고 다니는 것은 그만두기로 하자. 묵묵히 이겨내면 주변 사람들은 그런 당신을 더욱 더 사랑하고, 존경할 것이다. 사소한 일에 고민하지 않는 그릇이 큰 사람이 되자. 쾌활함을 잃지 않고 고난을 극복한다면 어떤 고민에도 지지 않는 강인함과 쾌활함이 몸에 밸 것이다.

괴테가 쓴 시 한 구절에 가난한 어부가 등장한다. 소박하고 작은 집에 은빛 램프가 켜지면 문과, 바닥, 지붕, 가구 모든 것이 램프의 마법으로 은빛 찬란하게 바뀐다. 이와 마찬가지로 마음에 한 줄기

햇살이 비추면 가난한 영혼의 구석구석까지 밝은 양기로 넘쳐나게 된다. 예를 들어 내가 알고 있는 한 여성은 벌써 몇 년째 작은 방에서 꼼짝도 할 수 없는 생활하고 있다. 눈을 즐겁게 해주는 것이라고는 침대에서 보이는 나뭇가지 정도였다. 하지만 그래도 그녀는 쾌활함과 희망을 잃지 않았다. 따라서 고민을 품고 그녀를 찾아온 사람들은 모두 용기를 얻고 밝은 얼굴로 돌아갈 수 있었다. 고통으로 몸부림칠 때도 그녀는 만나러 와준 사람들에게 "봄은 정말 멋져요!"라고 밝게 말을 했다. 그녀의 눈은 항상 부드럽게 미소짓고 있다.

이 여성은 방에서 한 걸음도 나올 수 없지만, 그렇다고 해서 불행하지도 않고 또 인생의 낙오자도 아니다. 오히려 세상의 부자들보다 더 큰 성공을 거두었다. 그녀에게는 밝고 쾌활한 마음이라는 그 어떤 고통과 슬픔, 재난으로도 잃지 않는 무한의 재산이 있다. 상냥한 마음, 자비와 협동정신, 이타심, 애정, 성실함, 순수, 배려 이런 것이야말로 인생에서 무엇보다 훌륭한 것이며 누구나 갖길 바라는 것이다.

인디아나주 게리에 윌리 러프라는 다리가 불편한 신문배달 소년이 있었다. 이 소년은 피부 이식을 하지 않으면 죽을 것이라는 소녀의 이야기를 듣고 한 번도 본 적이 없는 소녀를 위해 자신의 불편한 한 쪽 다리를 제공했다. 소녀는 무사히 치료를 마치고 퇴원했지만 윌리는 마취 부작용으로 폐렴을 일으키고 말았다. 윌리는 병상에서 줄곧 소녀에게서 받은 장미 한 송이를 손에 쥐고 있었는

데 손에서 힘이 점점 빠져 결국 시트 위에 장미꽃을 떨어뜨리고 말았다. 소년은 숨을 거두기 직전 이렇게 말했다. "그녀에게 살아나서 다행이라고 전해주세요." 윌리를 보살피던 양어머니가 쓰러져 소년의 베개에 얼굴을 묻었다. 윌리는 양어머니의 머리를 힘없이 쓰다듬으면서 이렇게 말했다. "어머니, 울지 마세요. 저는 지금까지 아무것도 할 수 없었지만 이번에 처음으로 누군가를 위해 뭔가를 할 수 있었으니까요." 곁을 지키고 있던 의사와 간호사는 고개를 돌려 눈물을 흘렸다. 소년은 끝까지 의식이 또렷했으며 미소를 잃지 않았다고 한다.

이 소년처럼 사심에 빠지지 않는 기쁨을 맛볼 수 있도록 모든 사람들이 노력한다면 이 세상은 얼마나 멋진 곳이 될까? 오렌지가 그냥 내버려두어도 익고, 종달새가 노래를 배우지 않아도 노래를 하고, 지성이 자연스럽게 문화와 세련을 추구하듯이 마음은 끝없이 행복을 추구하고 있는 법이다. 욕심과 무지가 정신을 황폐화 시키듯이 불행과 비탄은 마음을 갉아먹는다.

우리 주변에는 자신이 생각하고 있는 것 이상으로 많은 행복의 씨앗이 감춰져 있다. 셀 수 없을 만큼의 기쁨의 샘이 아직까지 발견되지 않은 채 잠들어 있다. 선천적으로 눈이 보이지 않는 사람, 귀가 들리지 않는 사람의 입장에서 보자면 당신의 일상생활—평범하고 재미없는 생활—은 또 얼마나 멋지게 느껴지는 것일까? 당신에게는 눈엣가시인 거리의 잡초를 볼 수 있고, 당신에게는 거슬리는 거리의 소음을 들을 수 있다는 것이 그들에게는 얼마나 큰 행복이 될까? 우리는 모두 자신이 생각한 것 이상의 혜택을 받고 있다. 주변의 모든 것을 마음껏 맛보고 즐길 수 있는 능력을 몸에 익히기만 한다면 당신도 틀림없이 그렇게 실감하게 될 것이다.

오늘부터 당장 할 수 있는 일

◆ 당신도 오늘부터 '행복 일기'를 써보자.

◆ 타인을 행복하게 해줌으로써 자신도 행복해지자.

◆ 평소에 자신이 싫어하던 것, 재미없게 여기던 것에 뭔가 훌륭한 점이나 도움이 될 만한 점은 없는지 생각해보자. 우리는 모두 자신의 인생이 평범함 그 자체라고 생각하기 쉽지만 당신에게는 당연한 것이 타인에게는 너무나도 부러운 것일 수도 있다. 가난한 나라에서 온 사람이 지금 당신의 삶(집과 자동차 등)을 본다면 어떻게 생각할까? 당신이 평소 아무렇지도 않게 쓰고 있는 것, 가지고 있는 것이 그들의 눈에는 얼마나 풍요롭게 비춰질까?

비관주의야말로
재난의 시작

"낙관주의자는 우리가 최고의 세상에서 살고 있다고 공언한다.
그리고 비관주의자는 그것이 사실이 아닐까 두려워한다."

— 제임스 브랜치 카벨

이 세상에는 자기 스스로 고민의 씨앗을 찾아 헤매는 사람들이
정말로 많다. 그런다고 득이 될 것은 아무것도 없는데……. 누구라
도 마음만 먹으면 하늘의 별만큼 고민거리를 찾을 수 있다. 왜냐하
면 관점에 따라서는 모든 것들이 불행과 재난의 원인이 되기 때문
이다. 그 옛날 서부 개척시대의 황야에서 언제나 권총과 칼을 차고
다니던 남자들은 항상 싸움에 휘말렸지만 자신의 양식(良識)과 자
제심, 유머를 믿고 무기를 지니지 않았던 사람들은 결코 싸움에 휘
말리지 않았다고 한다. 이와 마찬가지로 끝없이 우울하고 어두운
기분에 젖어 있으면 정말로 우울한 일들을 끌어들이게 된다. 불행
한 사람들은 대부분 날씨와 식사에 불만을 토로하거나 동료에게

불만을 품고 있는 사이 초라한 기분에 빠져 자신도 모르는 사이에 행복을 잃게 된다. 사소한 일에 불평불만을 토로하거나 걸핏하면 불평거리를 찾으려는 습관만큼 조심해야 할 것도 없다. 특히 젊었을 때 이런 버릇이 생기면 결국 그런 사고 패턴에서 벗어날 수 없게 된다.

하지만 사람들은 곧잘 모든 일에서 고뇌의 씨앗을 발견한다. 예를 들어 자신은 병약하다고 착각하고 있는 사람들. 이런 사람들은 언제 닥쳐올지 모르는 병에 대비해 모든 상비약을 준비해 둔다. 유럽 등 멀리 여행을 가야 할 때는 무슨 일이 생길지 모른다며 온갖 종류의 약을 준비하지 않으면 불안해한다. 이래서는 항상 몸 상태가 좋지 않아 자주 감기에 걸리거나 전염병에 걸리는 것도 당연한 일이다. 반대로 걱정도 하지 않고 낙관적으로 생각하는 사람은 해외여행에 다량의 약을 가져가지도 않으며 실제로 병에 걸리는 일도 적다.

또한 몸에 좋지 않은 게 있지 않을까 끝없이 눈을 번뜩이는 사람도 있다. 그들은 언제나 기온이 너무 높다는 둥, 너무 낮다는 둥, 햇빛이 너무 강하다는 둥, 햇빛이 너무 들지 않는다는 둥 불평을 늘어놓는다. 그리고 어딘가 조금이라도 아프면 자신은 무서운 병에 걸렸다고 착각한다. 이래서는 얼마 못 가 정말로 병에 걸려 버리는 것도 당연한 일이다. 병에 걸리는 것은 스스로 원하고 기대하고 있기 때문이다. 더 나아가 차가운 공기를 쐬는 것에 너무 신경을 써서 침실 창문이 열려 있는 것만으로도 폐렴으로 죽을 것이라고 난리를 치는 사람도 있다. 이런 사람들은 어딜 가더라도 조금 열린 창 때문에 감기 걱정을 하다가 결국에는 진짜로 감기에 걸려버리고 만다. 이렇게 걱정을 하는 탓에 우리 몸이 가지고 있던 원래의 저항력이 떨어져 감기에 걸리기 쉬워지기 때문이다.

무엇보다도 위험한 것은 자신이 유전으로 인해 생명의 위협이 되는 병에 걸릴 것이라고 굳게 믿고 있는 사람들이다. 자신은 폐가 약하다, 심장이 약하다, 위가 약하다 등과 같이 생각하고 있는 사람들은 언제 병에 걸릴지 조바심을 내며 사는 탓에 그 어떤 것도 진정으로 즐기지 못한다. 좀 더 긍정적인 생각, 희망에 넘치는 밝은 자세로 살려고 노력하면 쉽게 건강과 행복을 얻을 수 있지만 그들은 그러는 대신 모든 거짓의 희생양이 돼 신문과 잡지에 경이로운 예방효과를 자랑하는 수상쩍은 약들을 대량으로 복용하고 있다. 그렇게 돌팔이 의사들에게 속아 자신의 인생을 정말 초라한 것으로 바꿔버리고 있다.

언제나 자신의 불행한 처지를 한탄하는 사람도 있다. 이런 사람들은 '나는 불행 그 자체입니다.'라는 얼굴을 하고 돌아다니며 자신의 실패와 재난을 떠들고 다닐 뿐 실제로는 아무런 행동도 하지 않는다. 예를 들어 내가 알고 있는 한 총명한 젊은이가 회사를 창업해 비즈니스를 시작했다. 하지만 이 남자에게는 남들 앞에서 자신의 일을 깎아내리는 나쁜 말버릇이 있었다. "사업은 잘 됩니까?"라고 물으면 반드시 "너무 힘들어서 드릴 말씀이 없을 정돕니다. 겨우 먹고 사는 정도로……. 사업을 시작하지 말 걸 그랬어요. 회사를 팔아치울까 생각 중입니다."라고 대답했다. 남자는 사업이 번창하고 있을 때도 잘 안 된다고 떠들고 다녔다. 이렇게 부정적인 발언을 반복하는 그에게 결국 주변사람들도 지치게 되었고 전도유망했던 이 젊은이는 자신의 비관적인 사고방식에 발목을 잡혀 중도에서 좌절하고 말았다.

경영자가 부정적인 사고습관을 가지고 있다면 문제는 참으로 심각하다. 왜냐하면 비관적인 사고방식이 회사 전체에 퍼지기 때문이다. 비관주의자 밑에서 일하고 싶은 사람은 아무도 없다. 종업원은 어두침침한 직장보다 밝고 즐거운 직장에서 일하면 더욱 커다란 힘을 발휘할 수 있기 때문이다. 어떤 사람이라도 자신의 일을 비하하고 있는 한 자신의 일을 긍정적으로 받아들이고 있는 상대에게는 절대로 이길 수 없다. 무슨 일이든 나쁜 쪽으로 생각하는 습관이 생기면 사물의 장점과 건설적인 면이 아니라 나쁜 면과 부정적인 면에만 눈길이 가고 만다. 이래서는 직장의 평화를 방해할 뿐 실적을 올릴 수 없다.

또한 상상력도 잘못 사용하면 큰 문제를 일으킨다. 세상에는 자신은 무시당하고 있다, 천대받고 있다, 욕을 먹고 있다고 자기 맘대로 상상하여 참담한 기분에 젖어드는 사람들이 있다. 그들은 모든 질투와 시기, 부정이 자신을 향하고 있다고 착각하고 있다. 하지만 그런 것들은 대부분 현실과 동떨어진 자기 자신의 착각에 불과하다.

부정적인 기분에 젖어드는 것만큼 불행한 것도 없다. 부정적인 사고는 우리의 행복을 빼앗고 능력을 떨어뜨리고 마음의 평안을 흔들어 인생을 허무한 것으로 만들어 버린다. 사물을 비관적으로 보는 사람은 언제나 검은 색안경을 쓰고 있는 것과 마찬가지로 주변의 모든 것이 죽음의 그림자로 뒤덮힌 것처럼 보이며, 어둠밖에 보지 못한다. 빈곤과 실패, 불운과 역경이라는 말만 내뱉고 있는 사이 비관주의가 몸 전체에 스며든 것이다. 그들의 마음속에서는 밝은 기분이 오랫동안 무시당해 시들어버렸기에 부정적인 마음만이 비대해져 간다. 따라서 그들에게는 자신이 항상 힘든 상황에 처해 있고, 항상 돈이 부족한 것처럼 느껴지며, 매일이 이 세상의 끝인 것처럼 느껴진다. 자신의 불행을 한탄만 하고 있으면 머지않아 그들은 독을 내뿜는 연못처럼 사람들에게 미움을 받게 된다. 더 나아가 타인의 부정적인 모습만 찾아 헤매는 사람도 있다. 이런 사람들은 타인에게 엄해서 관대하게 대하는 법을 모른다. 타인의 장점을 결코 인정하려 들지 않고 모든 일에 트집을 잡는다.

그밖에도 "상황만 바꾼다면 나는 더욱 행복해질 수 있을 텐데." 라고 생각하는 사람도 많다. 인생을 즐기고자 하는 마음만 있다면 환경 따위는 상관이 없다. 나는 병과 친구의 죽음, 불행한 상황과 불우한 인생역경을 이겨내고 밝고 긍정적으로 살아가고 있는 사람들을 알고 있다. 언제나 자신의 삶에 대해 불평만 늘어놓는 사람에게는, 그들과 똑같은 삶을 살 수 있다면 얼마나 행복할까 하고 생각하는 사람들이 이 세상에 아주 많다는 사실을 깨닫게 해야 한다. 하지만 어떤 사람이 남긴 말처럼 "모든 것을 마음에 들어하지 않는 사람에게 손을 내미는 것은 죽으려고 물에 뛰어든 사람을 구하려고 하는 것과 마찬가지"일지도 모른다.

고민의 씨앗과 결점, 실패, 잘못된 점과 추악한 면만을 찾으며 살아가는 것은 그만두기로 하자. 타인을 비난하거나 잘못과 결점을 들춰내서는 안 된다. 온갖 불만을 내뱉어 비꼬면서 타인의 장점을 보지 않는 것은 무엇보다 위험한 습관이다. 부정적인 마음은 마치 과일을 속부터 파먹는 벌레처럼 당신의 인생을 왜곡시켜버릴 것이다. 일단 이 전염병에 걸리게 되면 그 어떤 사람이라도 만족스런 인생을 보낼 수 없게 된다. 항상 불만의 씨앗만을 찾아낸다면 인격이 손상되고 마음이 건강을 잃게 된다. 인생의 여로에서는 추한 것이 아니라 좋고 아름다운 것을, 저속한 것이 아니라 고상한 것을, 어둡고 음침한 것이 아니라 밝고 쾌활한 것을, 절망이 아니라 희망을 찾도록 하자. 사물의 어두운 면이 아니라 밝은 면을 보도록 하자. 어둠이 아니라 언제나 태양을 향해 살아가는 것이 그렇게 힘든 일은 아니다. 그렇게 하면 역경에서 번영으로, 실패에서 성공으로 인생이 크게 변하고 당신 자신도 초라한 인간에서 만족스럽고 행복한 인간으로 변모할 것이다. 지금까지 일과 친구 등, 모든 것에서 흠만 잡던 사람은 이제 방향전환을 꾀하여 모든 것을 긍정적인 면에서 보도록 하자. 사고방식을 바꾸면 당신의 분위기가 바뀌고 주변 상황도 훨씬 좋아질 것이다.

긍정적인 사람은 부정적인 말을 결코 입에 담지 않는다. 그들은 "나는 할 수 없어.", "일단 해보자."라는 식으로 말하지 않고 "반드시 할 수 있다.", "해 내겠다."고 단언한다. "할 수 없다."는 한마디 말만큼 사람을 맥 빠지게 하는 말도 없다. 그런 말을 함으로써 마음속에 부정과 의심이 뿌리를 내려 비관주의에서 벗어날 수 없게 되는 것이다. 사고방식과 말투, 행동 등을 바꾸지 않는다면 우리는 이런 비관주의에 이길 수 없게 된다. 마음의 균형이 갖춰진 인간은 타인을 의심하거나 스스로 고민의 씨앗을 찾아 헤매지 않는다. 아무리 인생이 어둠에 싸여 있더라도 모든 것이 새벽을 알리는 전조라고 생각하자. 마음의 균형만 잃지 않는다면 당신도 인생의 참모습을 볼 수 있게 되어 그 어떤 상황에서라도 안정과 만족감을 잃지 않고 살아갈 수 있게 될 것이다.

◆ 부정적인 사고로 인해 자신이 불행해지지는 않았은지 잘 생각해보자.

◆ 자신도 모르는 사이에 대상의 결점과 나쁜 점만을 찾아내 불평불만을 토로하고 있지는 않은가? 틀림없이 잘못을 찾아내는 것도 중요하지만 그 점에 너무 집중해서 장점과 뛰어난 점을 발견하지 못해서는 안 된다.

◆ 누군가를 비판할 때는 동시에 상대의 장점도 칭찬하자. "일처리가 너무 형편없군.", "어째서 하라는 대로 하지 않는 거야?"라는 말을 하고 싶을 때는 먼저 상대를 인정하는 말을 덧붙이자(대부분의 경우 상대에게 나쁜 뜻은 없으니까). 앞에서 든 예를 들어보면 "자네가 이 일을 제대로 하려고 노력한 건 알고 있네. 그건 인정하지만 좋은 결과를 내기 위해서는 아직 몇 가지 해야 할 일이 더 있다고 생각하네."라는 전제를 두고 어디가 나빴는지 지적하는 게 좋을 것이다.

양심의 목소리를 듣자

"자신에게 너그럽지 못한 인간이 어떻게 타인에게 자비로울 수 있겠는가?"

— 토마스 브라운

　무조건 자신을 믿는 것은 무엇보다 중요한 일이다. 자신 속의 '작은 목소리', 즉 양심의 소리에 귀를 기울이면 그 소리가 훌륭한 행동을 칭찬하고 비열한 행동을 질책하는 말이 들려올 것이다. 내면의 목소리는 당신에게 있어서 지상의 그 어떤 것보다 가치 있는 것이다. 타인으로부터 무슨 소릴 듣든, 타인이 어떻게 생각하든 문제될 게 없고, 매스컴과 대중에게 칭송을 받든 비난을 받든 그리 신경 쓸 것이 없다. 중요한 것은 당신 자신의 눈에 자신이 어떻게 보이는가 하는 점이다. 자신을 좋아하지 않는 사람은 아무리 많은 돈을 손에 쥐고 있어도, 아무리 높은 지위에 있어도 진정한 행복과 만족감을 얻을 수 없다. 프랑스 격언처럼 "자기 자신 속에서 안녕을 찾지 못하는 사람은 어딜 가더라도 안녕을 찾을 수 없다."

양심의 목소리가 조금이라도 불만을 중얼거린다면 일단 멈춰서서 자신이 하고자 하는 일이 정말로 좋은 일인지를 다시 한 번 생각해보자. 반드시 뭔가 잘못된 점이 있을 것이다. 잘못이 발견되면 곧바로 그것을 고치지 않으면 안 된다. 내면의 목소리를 무시해서는 안 된다. 그렇지 않으면 폭풍우 속에서 그 폭풍우를 피하려 나침반의 방향을 억지로 바꾸려는 어부처럼 위험한 상황에 처하게 된다. 양심이라는 나침반을 따르지 않아 인생의 항해에서 조난을 당한 사람이 얼마나 많은가?

자신의 존재를 긍정하려면 무엇보다도 성실해야 한다. 불성실한 인간은 양심의 재판에서 벗어날 수 없다. 진실에서의 일탈이 아무리 사소한 것이라 할지라도, 아주 작은 거짓이라 할지라도, 양심이라는 나침반의 방향을 맘대로 바꿔버려서는 결코 가고자하는 항구에 도착할 수 없다.

싸구려 옷을 양모라고 속여서는 안 된다. 국산품을 수입품으로 속여 팔거나 길이와 무게를 속여서는 안 된다. 근무시간과 일의 내용에 대해 종업원을 속여서는 안 된다. 윤리에 어긋나는 일은 하지 말자. 설령 누구에게도 들키지 않는다 할지라도 그런 일을 하면 당신 자신의 인격이 떨어지고 만다.

내면의 목소리를 따르는 한 다른 모든 것을 잃는다 할지라도 마음만은 풍요롭게 지낼 수 있다. 재산과 훌륭한 저택, 화사한 옷과 고급 차는 설령 손에 넣었다 할지라도 다시 잃게 될지도 모른다. 훌륭한 친구가 떠나버리는 일도 있다. 세상의 높았던 평판이 하룻

밤 사이에 조소로 바뀔 수도 있다. 하지만 양심의 목소리에 등을 돌리지 않고 자신을 믿고 성실함과 진지함을 잃지 않는다면, 그리고 항상 고개 숙이지 않고 자신을 직시할 수 있다면 아무리 세상 사람들이 패배자라고 조롱하더라도 당신은 성공을 손에 넣은 행복한 인간이 될 수 있다.

오늘부터 당장 할 수 있는 일

◆ 양심에 반하는 일은 그만두자. 양심의 가책을 느끼면서도 그것을 무시했다가 나중에 후회하는 사람들이 세상에는 얼마나 많은가? 내면의 목소리를 믿자. 때론 양심의 목소리가 틀릴 때도 있지만 그것은 그대로 상관없지 않은가? 긴 안목으로 보자면 자신을 의심하고 양심의 목소리를 무시하는 것보다 자신을 믿고 잘못을 저지르는 편이 더 낫다(어차피 사람은 누구나 실수를 저지른다).

◆ 내면의 소리를 판단하는 능력을 몸에 익히자. 예를 들어 자신의 마음에 있는 절대로 거짓 없는 생각(처음 좋아하게 된 사람의 기억 등)을 찾아내 그것이 어떤 감정을 불러일으키는지 확인하자. 그러면 진정한 감정이 어떤 것인지 알 수 있을 것이다. 뭔가를 떠올렸을 때, 그 순간과 같은 감정을 느꼈다면 그것은 당신에게 있어 거짓이 없는 생각이다.

자신을
비하하지 말자

"만약 신이, 우리가 어둠 속에서 살길 원했다면 대지를 쾌활함
과 기쁨으로 가득찬 선명한 녹색으로 채색하는 대신 검은 의상
을 주었을 것이다."
— 자네트 그라함

　자신을 과소평가하는 사람을 만나면 우리는 순식간에 슬픔에
빠지게 된다. 하지만 세상에는 언제나 자신을 비하하기만 하는 사
람들이 있다. 그런 사람들은 자신이 얼마나 하찮은 인간인지, 타인
과 비교해서 얼마나 형편없는 존재인지를 떠벌리면서 기뻐하고
있는 것처럼 보인다.
　우습게도 우리를 이런 자기 비하로 몰고 가는 최대의 범인은 교
회이다. 기도를 하기 위해 모인 신도들은 스스로를 불쌍한 죄인이
라고 부르며, 설교대 앞에 선 목사는 신에게 우리는 부족한 인간이
라고 외친다. 우리는 고귀함과 훌륭한 인간성이라는 신의 선물을
맛보는 대신 바닥에 엎드려 눈물로 용서를 빈다. 신은 우리가 똑바

로 서서 하늘을 올려다보고 당당하게 세상을 바라볼 수 있도록 하기 위해서 두 다리를 선물한 것이 아닐까? 그런데도 조물주 앞에서 위선자처럼 겸손한 척하다니 이 얼마나 경멸스런 행동인가? 자신을 비하하는 습관은 우리의 인격을 손상시키고 자신감을 잃게 하고 자립심을 방해하는 것이다. 아이가 비굴한 태도로 무언가 부탁을 한다면 아이들의 부모들이 어떻게 생각하겠는가?

자신은 형편없는 인간이라는 생각을 해서는 안 된다. 자신을 어떻게 평가하는가 하는 것은 상당히 중요한 문제로, 거기에 당신의 인격이 확실하게 반영된다. 당신이 자신을 믿고 있는 한 자신과 타인을 속이는 일은 결코 없을 것이다. 자존심을 잃지 않고 자신의 개성을 소중히 여긴다면 부정적인 생각에 잠기거나 잘못된 길을 선택하는 일은 없을 것이다. 자신에게 자신감이 있다면 비열한 수단과 책략에 굴하는 일도 없을 것이다.

개중에는 능력도 없으면서 건방진 태도를 취하는 인간이라고 여겨지기 싫어서 항상 소극적인 태도를 취하는 사람도 있을 것이다. 하지만 어느 시대에서든 소극적인 사람이 큰 인물이 된 예는 없다. 싸구려 허영심과 거짓 자존심에 바탕을 둔 불유쾌한 자만심과 자신의 능력을 잘 알고 있는 진정한 자신감은 전혀 다른 것이다.

타인에게 굴하지 않는 용기를 가지고, 스스로 생각하고, 자신의 인생을 살고, 모든 의미에서의 인간다움을 겸비하고 있는 사람은 누구에게나 사랑받는다. 따라서 당신이 어떤 일을 하든, 어떤 장애물이 있든 간에 자존심을 잃어서는 안 된다. 돈이나 재산은 잃어도 상관없지만 자존심만큼은 확실하게 지키자. 셰익스피어는 이에 대해 간결한 문장으로 멋지게 표현했다. "무엇보다 중요한 것은 자신에게 충실하는 것이다." 〈햄릿 중에서〉

◆ 아무리 당신이 실수를 저질렀다 할지라도 자신을 증오해서는 안 된다. 자신감이 없어졌거나 자신은 아무런 가치가 없는 인간이라고 여겨지게 됐다면 "나는 내가 좋다."고 몇 번이고 반복해서 말하자. 사소한 일로 자신을 책망하고 싶어질 때마다 일단 이 말을 반복하자. 하루에 100번 이상 하지 않으면 안 된다 할지라도 하루에 100번 자신을 책망하는 것보다는 낫다. "내가 좋다."고 끝없이 말하는 사이 자신도 모르게 자신을 비하하는 마음이 가슴속에서 사라질 것이다. 단, "내가 좋다."고 하는 것은 자신이 하는 모든 일을 긍정한다는 의미는 아니다. 당신이 무엇을 하든 적어도 당신에게는 당신 나름대로의 가치가 있다는 의미에 지나지 않는다.

◆ 타인의 마음에 들고 싶어 자신을 굽혀서는 안 된다. 타인과 저자세로 타협하면 상대는 우호적으로 대할지도 모르지만 자기 자신이 싫어져버릴 것이다. 양심을 속이고 타인에게 아첨하느니 차라리 자존심을 잃지 않고 피하는 게 낫다.

◆ 자신감과 자만은 전혀 다른 것이다. 자신을 좋아한다는 것은 자기 자랑을 하거나 자신이 타인보다 뛰어나다고 생각하는 것이 아니다. 그것은 누군가와 비교하는 것이 아니라 무조건적으로 자기 자신을 받아들이는 것이다.

◆ 자신을 비하하지 말자. 우리는 평소 여러 상황에서 자조적인 말을 입에 담고 있다. 예를 들어 뭔가 걸림돌에 걸리게 되면 "내가 하는 일이 다 그렇지.", "좀 더 조심하지 않으면 안 되겠군."이라고 하고 실수를 할 때면 "나는 바보야."라고 한다. 일이 잘 풀리지 않으면 "열심히 노력해야겠군."이라고 하면 될 걸 "내겐 좀 힘들어."라고 불평을 한다. 이런 식으로 우리는 평소에 아무렇지도 않게 자신을 부정하고 있다. 시험 삼아 매일 메모장을 가지고 다니며 자신을 비하하는 말을 입에 담았을 때마다 기록해보면 좋을 것이다(친구와 동료의 도움을 받자). 사흘만 해도 메모장이 꽉 차고 말 것이다. 하지만 이렇게 함으로써 부정적 사고를 몰아낼 수 있을 것이다. 부정적인 말이 입에서 나올 것 같으면 자신에게 "스톱!"하고 외치자.

행복은
마음속에 있다

"보바리 부인이 그렇게 아름다웠던 적은 없었다. 환희와 정열과
성공에서 태어난, 말로 표현할 수 없는 아름다움. 기질과 환경이
어우러진 조화였다."　　　　　　　—플로베르의『보바리 부인』중에서

　사람이라면 누구나 순수한 행복의 순간—인생의 아름다움과 기
쁨, 무엇과도 바꿀 수 없는 의의와 도취감에 취해 어지러울 정도로
황홀함을 느끼는 순간—을 맛본 적이 있을 것이다. 하지만 우리는
그런 행복한 순간은 순식간에 사라져버리며 곧바로 평범과 고난
으로 가득 찬 '현실'(즉, 매일 똑같은 생활)이 일상을 채워버리는 법이
라고 생각하고 있다. 그리고 슬픔이 있기 때문에 기쁨과 행복을 느
끼는 것이라고 스스로 자위하고 있다. 하지만 행복이란 마치 짙게
깔린 구름 사이로 빛이 비추길 기다리듯이 항상 목을 길게 늘어뜨
리고 기다리지 않으면 안 되는 걸까? 5분 내지 10분 동안 아름다움
과 행복의 세계를 즐길 수 있다면, 그 시간을 좀 더 길게 늘려 언제

나 행복함 속에서 살 수도 있지 않을까? 대부분의 사람은 다음과 같은 이야기 속에 나오는 소년처럼 행복을 찾고 있다.

　어느 산동네 꼭대기에 서 있는 낡고 작은 집에 가난한 소년이 살고 있었다. 소년은 공상에 빠져 있는 것을 아주 좋아해 매일 석양이 질 무렵이 되면 대문 앞에 앉아 산 밑을 내려다보며 저 멀리 보이는 아름다운 집을 넋을 잃고 바라보았다. 그 집의 유리창은 노을빛에 물들어 황금빛으로 빛나고 있었다. 그 집을 볼 때마다 소년의 마음은 항상 부러움으로 가득 찼다. "우리 집은 정말 작고 초라해. 저 황금빛으로 빛나는 집에 살 수 있다면 얼마나 행복할까?" 어느 날 저녁, 황금빛 유리창이 평소보다 훨씬 아름답게 빛나며 소년에게 손짓을 하는 것처럼 보였다. 소년은 그 아름다운 집에 가보기로 결심했다. 소년은 다음 날 아침 일찍 집을 나섰다. 거리에는 먼지가 가득하고 강한 햇빛이 내리쬐고 있었지만 소년은 개의치 않고 발길을 재촉해 해가 질 무렵 반대편 언덕에 도착했다. 그런데 소년의 눈앞에 나타난 것은 그저 황폐해진 창고였다. 그 아름답던 창은 어디로 가버린 것일까? 창문은 황금빛은커녕 아주 평범한 유리로 만들어진 것이었으며 더구나 더럽고 여기저기에 금이 가 있었다. 이것이 그 아름다운 집의 진짜 모습이었다. 피로에 지친 소년은 땅바닥에 주저앉아 엉엉 울었다. 울다 지친 얼굴을 들자, 눈물로 흐려진 눈동자에 반대편 산꼭대기에 우뚝 솟은 작은 집이 보였다. 헌데 이게 대체 어찌된 일인가? 소년의 작은 집 유리창이 불타듯 황금빛으로 이글거리고 있었던 것이다.

행복은 이 집처럼 언제나 저 멀리서 우리에게 손짓을 하고 있다. 인생의 아름다움과 영광은 모두 저 멀고 먼 미래, 지금 이 자리 이외의 어딘가에 있는 것이다. 우리는 모두 언젠가 반드시 황금빛 창의 아름다운 집에 도착할 수 있을 것이라고 생각하고 있다. 뭔가 기적이 일어난다면, 돈이 들어온다면, 모든 것을 살 수 있다면 얼마나 행복할까 생각하고 있다.

하지만 그것은 망상에 불과하며 저 멀리서 손짓하고 있는 환영을 정말로 손에 넣은 사람은 없다. 그럼에도 불구하고 우리는 채워지지 않는 욕망에 사로잡혀 어떻게 해서든 욕망을 이루기 위해 평생 매달리고 있다. 세상의 많은 사람이 지금의 자기 인생에 실망하여 탄식을 한다. 젊었을 때는 10년 후면 고민과 불안에서 해방돼 목표한 대로의 삶을 영위할 수 있을 것이라고 꿈꿔 왔지만 정작 그 미래에 와보면 자신이 참으로 평범하고 단조로운, 행복과는 거리가 먼 삶을 살고 있다는 사실을 깨닫게 된다. 미래의 삶을 멀리서 바라보면 아름답게 보이지만 자신이 다가가면 그것은 점점 멀어져버린다. 그리고 저 멀리서 우리에게 또 다시 손짓을 한다.

그래서 우리는 영원한 행복은 덧없는 꿈이라는 걸 알고 있으면서도 지금의 자신에 결코 만족하려 하지 않는다. 뭔가 멋진 일이 일어나지 않는다면 자신은 행복해질 수 없다고 생각하며 스스로도 확실히 알 수 없는 그 무언가를, 미래의 어딘가에 있을지 모르는 그 무언가를 찾아 헤매고 있다. 그리고 그것을 손에 넣지 못하는 한 지금의 인생 따위는 "아주 하찮고 보잘 것 없는 것."에 지나지 않는다고 치부한다. 우리는 흔히 돈으로 멋진 것을 사지 못하면 행복해질 수 없다고 생각한다. 하지만 행복은 돈으로 살 수 있는 것이 아니다. 계속 갖고 싶던 것을 손에 넣는 순간 바로 흥미를 잃어버린 경험이 누구에게나 있을 것이다. 힘들게 손에 넣었지만 생각만큼 기쁘지 않고 마음은 여전히 채워지지 않고 허전한 채……. 그렇게 되면 다시 다른 것을 원하게 되고 그것을 얻을 수 있다면 행복할 것이라고 생각하게 된다. 그런데 막상 손에 들어오면 또 다시 전처럼 환멸을 느끼게 돼 마음의 틈은 메워지지 않는다. 우리는 지금 있는 것만으로는 행복을 느끼지 못하고 항상 지금 여기에 없는 것을 열심히 찾아 헤맨다. 하지만 실제로는 자신이 진정으로 무엇을 원하고 있는지는 아무도 알 수 없다. 예를 들어 "건강하면 행복할 텐데."라고 생각하다가도 건강해지면 "아무리 건강하더라도 사랑이 없으면 의미가 없다."고 생각하게 되고, 사랑을 하게 되면 이번에는 "건강과 사랑이 있더라도 돈이 없으면……."하고 생각하게 된다. 이렇게 우리는 행복하게 해주는 것을 추구하며 끝없는 욕망에 사로잡히게 된다.

하지만 인생을 참으로 가치 있게 해주는 것은 사실 아주 흔하고 누구나 쉽게 손에 넣을 수 있는 것이다. 행복은 어느 한 사람이 독점할 수 없는 것이다. 대가를 치르기만 한다면 누구나 인생이라는 시장에서 행복을 손에 넣을 수 있다. 그리고 그 대가는 누구나 치를 수 있는 것이다.

철강왕 앤드류 카네기는 10년만 더 살 수 있다면 1000만 달러를 지불해도 좋다고 말했다. 하지만 그가 가진 돈 전부를 가지고도 시간은 살 수 없었다. 마찬가지로 사랑과 우정, 배려도 돈으로는 살 수 없다. 하지만 그 대신 너그러움과 모든 것을 기쁘게 받아들이는 마음(모든 사람들이 선천적으로 가지고 있는 자질)만 있다면 사람은 인생에서 가장 훌륭한 것, 달콤한 것을 쟁취할 수 있다. 예를 들어 태양은 그 불가사의한 힘으로 씨앗을 싹트게 하고, 식물과 풍경에 화려한 빛을 선사하지만 이 태양이라는 멋진 선물은 누구나 마음껏 즐길 수 있는 것이다. 사람은 누구나 선천적으로 가지고 있는 마음의 힘을 이용하면 매일의 삶 속에서 행복과 안녕을 찾고 조화로운 정신 상태로 살아갈 수 있다.

"사람은 자신이 행복해지겠다고 결심한 만큼 행복해진다."고 링컨은 말했다. 이 말대로 이 세상의 모든 것에는 우리의 생각이 반영된다. 모든 행복의 원천은 우리의 마음속에 있다. 자연과 음악을 아름답다고 생각한다면 그것은 당신의 마음에 아름다움이 있기 때문이다. 아름다운 마음을 가지고 살면 인생은 아름다운 것이 되고, 불평불만을 품고 살아가면 인생은 실망으로 넘치게 된다. 이것은 아주 평범한 이야기지만 너무나도 확실한 진리이며 이것이야말로 행복해지는 비결인 것이다. 만약 우리가 그 어떤 때라도 행복과 기쁨, 진취적인 생각과 도움이 되는 의견, 선한 생각과 이타적 마음만을 가슴에 품고 살아간다면 지금 당장 둘도 없는 행복을 손에 넣을 수 있을 것이다. 왜냐하면 행복이란 결국 마음자세이기 때문이다. 오늘이라는 날이 행복이 될지 불행이 될지는 당신의 마음에 달려 있다.

이기적으로만 살아가면 결코 행복해질 수 없다. 욕심과 질투는 행복의 적이다. 실제로 불행한 사람의 대다수는 자신이 가지고 있는 것에 만족하지 못해 타인을 증오하고, 타인과 같은 것을 탐내기 때문에 비참한 인생을 보내고 있다. 하지만 고귀한 선행의 즐거움에 자극받아 이기심을 버리고 타인을 돕고, 사회에 봉사하고, 높은 의지를 잃지 않으면 반드시 그 선의에 어울리는 행복을 손에 넣을 수 있을 것이다. 물론 그렇다고 해서 인생의 슬픔과 고통이 사라지는 것은 아니다. 하지만 곤란과 실망은 우리를 슬프게 하는 것이 아니라 강하게 해주는 것이다. 우는 소리나 불만을 토로하지 않고 맞서 싸우면 반드시 고뇌를 이겨낼 강인함을 손에 넣을 수 있을 것이다.

불평불만을 토로하는 사람을 볼 때마다 나는 슬픔과 실의에 찬 인생을 보내왔음에도 불구하고 결코 밝은 마음과 평온함을 잃지 않은 한 할머니를 떠올리게 된다. 그녀는 언제나 긍정적인 마음으로 살아가는 비결을 물으면 이렇게 대답했다.

"나는 젊었을 때부터 매일 그날 있었던 즐거웠던 일을 일기에 적고 있어요. 그래서 아무리 힘들고, 슬픔으로 먹구름이 가득 꼈다고 느껴질 때도 반드시 한 줄기 빛을 찾을 수 있어요. 내게는 가족이 많지만 모두 먼저 세상을 떴고, 중병으로 고생도 했지요. 돈에 쪼들린 적도 많았어요. 그래서 희망을 잃지 않고 있는 게 어려웠던 때도 있었죠." 그래도 그녀는 하루하루의 삶 속에서 뭔가 즐거움을 찾을 수 있었다고 한다.

　인생은 어차피 힘들고 슬픈 것으로 기쁜 일이나 즐거운 일은 존재하지 않는다고 생각하는 사람은 수없이 많은 기쁨을 놓치고 있는 것이다. 또한 그런 마음을 가지고 있으면 뭔가 이룰 수 있는 능력까지 크게 손상될 수 있다. 너무 심각해지면 마음이 침체되고 능률이 떨어지게 된다.

　인생은 즐거움과 기쁨, 명랑함과 쾌활함이 넘치는 것이 아니면 안 된다. '기쁨 일기'를 쓴 할머니처럼 매일 하나라도 좋으니 즐거운 것, 기쁜 것을 찾도록 하자. 그렇게 되었다면 이번에는 두 개, 세 개로 차츰 그 수를 늘려 가는 것이다. 그러다 한 시간 별로, 또 다시 매순간 기쁨을 찾을 수 있게 된다면 당신도 이미 행복해지는 비결을 습득하게 된 것이다.

◆ 행복이 무엇인지 알고 싶다면 주변 소리에 현혹되지 말고 자기 마음의 목소리에 귀를 기울이자.

◆ 행복해지고 싶다는 허무한 소망을 버리고 하루하루를 행복하게 살자.

◆ 19세기에 활약했던 미국의 목사 윌리엄 헨리 차닝의 말을 실천하며 살자. "적은 수입에 만족하며 생활하고 넉넉한 삶보다는 우아함을 추구하자. 유행보다도 세련됨을 추구하고, 존경받기보다 가치 있는 존재가 되자. 부자가 아니라 풍요로운 사람이 되자. 열심히 공부하고, 차분하게 생각하자. 조용하게 말하고 친절하게 행동하자. 별들과 새들의 소리에 귀를 기울이고, 갓난아이와 현자의 말에 마음을 열자. 모든 일을 밝게 이겨내고 항상 용감하게 행동하자. 기회를 기다리되 결코 서두르지 말자." 그리고 신학자 라인홀드 니버의 이 말을 가슴에 새겨 두자. "신이여, 바꿀 수 있는 것에 대해 그것을 바꿀 수 있을 만큼의 용기를 우리에게 주소서. 바꿀 수 없는 것에 대해서는 그것을 받아들일 수 있을 만큼의 냉정함을 주소서. 그리고 바꿀 수 있는 것과, 바꿀 수 없는 것을 식별할 수 있는 지혜를 주소서."〈종말론적 고찰〉